知识生产的原创基地
BASE FOR ORIGINAL CREATIVE CONTENT

颉腾商业
JIE TENG BUSINESS

The New Chameleons

How to Connect with Consumers
Who Defy Categorization

变色龙

破解新世代消费者
行为密码

[美] 迈克尔·所罗门 著
(Michael R. Solomon)

吴清津 译

中国广播影视出版社

图书在版编目（CIP）数据

变色龙：破解新世代消费者行为密码 /（美）迈克尔·所罗门著；吴清津译. -- 北京：中国广播影视出版社，2023.6
书名原文：The New Chameleons
ISBN 978-7-5043-9024-0

Ⅰ. ①变… Ⅱ. ①迈… ②吴… Ⅲ. ①消费者行为论 Ⅳ. ①F713.55

中国国家版本馆CIP数据核字(2023)第080837号

Title: The New Chameleons, by Michael R. Solomon
© Michael R. Solomon, 2021. All rights reserved.
This translation of The New Chameleons is published by arrangement with Kogan Page.
北京市版权局著作权合同登记号 图字：01-2022-6107号

变色龙：破解新世代消费者行为密码
[美]迈克尔·所罗门（Michael R. Solomon） 著
吴清津 译

策　划	颉腾文化
责任编辑	谭修齐
责任校对	龚　晨

出版发行	中国广播影视出版社
电　话	010-86093580　010-86093583
社　址	北京市西城区真武庙二条9号
邮　编	100045
网　址	www.crtp.com.cn
电子信箱	crtp8@sina.com

经　销	全国各地新华书店
印　刷	石家庄艺博阅印刷有限公司
开　本	640毫米×910毫米　1/16
字　数	234（千）字
印　张	16.75
版　次	2023年6月第1版　2023年6月第1次印刷
书　号	ISBN 978-7-5043-9024-0
定　价	79.00元

（版权所有 翻印必究·印装有误 负责调换）

行业赞誉与推荐

萨拉·巴莫西（Sara Bamossy），Pitch 广告公司首席战略官

　　这本精彩无伦的读物将《思考，快与慢》一书的观点应用到营销领域，令人大开眼界。迈克尔·所罗门用深入浅出的方式，向营销者们发出挑战，要他们从看似条理分明的目标市场细分方法论中走出来。他描绘了当下企业在通往成功的道路上必须驾驭的现实环境：广告效应日渐减弱、多渠道、超碎片化、网络热词新词涌现。最重要的是，他引导我们探究与人沟通之道，而不是把"消费者"看作交叉分析表框里的百分比，只会向他们推销。

马丁·比尔（Martin Bihl），LevLane 广告公司执行创意总监兼 the-agency-review.com 主编

　　随着国与国之间的商业边界不复存在，许多无法顺应这一趋势的品牌也走向消亡。现在，我们文化中绝大多数事物相互之间的边界都在消散（家庭与办公室、工作与娱乐、消费者与生产者、线上与线下、我们与他们、男性与女性、人类与机器等），你如何能确保你的品牌不走上衰亡之路？迈克尔·所罗门教授的《变色龙》一书给予我们辨识成败关键的洞察力和机会。它对所有营销参与者而言是一个很棒的出发点。

德里克·戴耶（Derrick Daye），Blake Project 咨询公司管理合伙人兼 Branding Strategy Insider 专栏作家

《变色龙》对打造下一代领导性品牌的深刻见解，让营销人员站在时代前沿。

约翰·格雷科（John Greco），Marketing IMPACT Council™ 创始人和主席，直销协会前首席执行官和 AT&T 贝尔实验室的消费者实验室前主任

在技术赋能、全球文化和社交生态系统加速变革的今天，划分消费者行为的传统分类方式已经过时！迈克尔·所罗门出色地帮助我们理解和驾驭营销人员与消费者之间不断演变和快速变化的关系。他向我们展示了与消费者建立联系的新挑战，并指引那些能确立和执行战略的营销者，让他们的战略可以与"变色龙"消费者的动态特征保持一致。本书融合了迈克尔·所罗门独特的专业知识、经验、洞察力和观点，并配以大量相关的具体实践案例。这不仅是一本营销专业人士的必读之书。无论是营利企业还是非营利组织，致力于组织市场还是消费者市场，从会议室到收发室的各个职能部门的各个层级，所有与他们品牌的未来相关的利益相关者都应该读这本书。

威廉·格兰（William Gullan），Finch Brands 公司总裁

迈克尔·所罗门再次证明了他是一位值得信赖、富有见地的消费者行为学家。在《变色龙》一书中，他认为传统的细分市场方法是一种过于生硬的工具，并概述了营销人员应该如何应对市场细分方法论的缺陷。这是一本适合现代营销的好书。

阿斯玛·伊沙克（Asma Ishaq），Modere 首席执行官

迈克尔·所罗门巧妙地阐述了当今的品牌必须了解后现代消费者才能与之保持关系的原因。消费者类别之间的边界早已融合在一起，《变色龙》论证了品牌横向拓展市场的必要性，并提供了实践示例和可操作的启示。

布赖恩·库尔茨（Brian Kurtz），Titans 营销公司首席执行官，Boardroom 有限公司前创始人，《广告解决方案》的作者

作为一名拥有超过 35 年从业经验的资深直销人员，也是一名终身学习直销技术的学生，我在寻找一些书籍（和话语）可以换个角度深入讨论我们迄今所学的知识，以深化我们的理解。迈克尔·所罗门用新的工具和思维方式重新武装我们，以应对未来未知的市场——这个市场比我们能想象的更令人兴奋。为了让我们更上一层楼，看见未曾见过的风景，迈克尔·所罗门的最新著作批判了许多营销界过往被奉为不可冒犯的"圣牛"的观点。作为消费者行为领域的世界级专家，经验丰富的迈克尔·所罗门能带领我们提升到新的境界，确保我们为即将到来的未来做好准备。如果你是立足当今消费者需求（未来会更旺盛的需求），提供产品和服务的相关营销人员（或任何人），本书是你的必读之作。

安德鲁·米切尔（Andrew Mitchell），Brandmovers 公司首席执行官

迈克尔·所罗门打破了营销专家和心理学家的思想体系。当再也不能对消费者进行固定的分类，他为营销人员绘制了一幅在以"变色龙"为主流的市场里取得成功的新路线图。

卡里姆·拉希德（Karim Rashid），工业设计师

在我踏足设计行业时，我相信：世间万物皆有所待，我们周边的一切都相互关联，并塑造了我们人类的经历。设计就是我们人类生活的方方面面。当我们把事物横向联系起来时，地面、墙壁、椅子、地毯、桌子、餐具、物件、台灯、天花板、我们的着装、腕上的手表、建筑物、人行道、街道、汽车、城市，就构成了一片无边无际的风景。用迈克尔·所罗门的一个术语来说，从交互界面到服务和有形商品，这些"星座"使今天的营销比十年前的营销复杂得多。大规模大众营销的时代早已结束。本书严谨的剖析和综合的阅读素材让我觉得自己好像拿到了市场营销的硕士学位。赞！

金伯利·里奇蒙德（Kimberly Richmond），营销与沟通组织 richmondmarketing + communications 负责人

迈克尔·所罗门是一位有独特见解的营销人，他促使你改变对你的客户、你的竞争对手乃至对你周边不那么整齐划一的世界的看法。当你从迈克尔·所罗门的视角看问题时，你认为你对营销所熟悉的一切，都会在一个完全不同的背景下呈现出另一番意义。

帕特里克·罗德曼（Patrick Rodmell），Rodmell & Company 有限公司总裁

迈克尔·所罗门以充满激励又富有启发性的方式，把当前的潮流与未来的消费主义趋势结合起来。这本书应成为每个营销人的必读书，它敲了一记警钟，让我们直面那些无法回避的事实，以全新的方式反思和反击我们所要面对的挑战。

杰米·特纳（Jamie Turner），60secondmarketer.com 的 CEO，作家，演讲家

准备好用大锤猛击你对营销和消费者的陈旧思维方式吧！迈克尔·所罗门最新出版的著作颠覆了老派的观念，帮助你以全新的视角看待营销和你正在开发的顾客。对任何想跟上商业最新发展步伐的人来说，这是一本必读之作。

塔姆森·韦伯斯特（Tamsen Webster），Find the Red Thread 公司的沟通策略师

在摧毁我们几十年来对消费者的陈腐之见后，迈克尔·所罗门做的第一件事就是给我们重构新模式提供全方位的指引。尽管我们这些营销人深知我们给消费者设定的条框并不完全适合消费者，但我们没有更好的办法去了解或理解消费者。然而，这正是这本书的主旨，迈克尔·所罗门引导我们走出当初让我们陷于混乱的非此即彼的思维定式，向我们展示了黑白之间灰色阴影中蕴藏的深沉、广博和机遇。

约翰·威滕布雷克（John Wittenbraker）博士，GfK 数据分析公司新业务开发全球总监

迈克尔·所罗门为领航后现代社会更睿智的营销树立了令人信服的典范。他论证了这样的结论：仅仅顺应最新的消费者潮流或时尚是不够的，一些更为根本的东西正在变化。吸取书中示例的洞察力，为您的生意制定更好的战略吧！

莱斯莉·赞恩（Leslie Zane），Triggers 品牌管理咨询公司总裁

迈克尔·所罗门让读者看到了两个泾渭分明的世界。在现实世界里，个体消费者不再受条块化分类的束缚，他们穿透分类的边界，在一种身份角色与另一种身份角色之间自由穿梭。而营销人员仍然执拗地陷在另一个世界里，他们严格地界定消费者细分类型和媒体类别，尽管这些分类标签与真实的消费者行为几乎没有关系。营销人员该大步向真实世界迈进的时刻到了！

推荐序

周宏骐
新加坡国立大学商学院兼任教授

这本书深刻地讲述了当下消费者行为的变化与未来发展趋势，以及营销人该如何应对这一切。迈克尔·所罗门这本新著，与他过去出版的《消费者行为学》的理论及框架内容全然不同。本书列出了当下消费者与过去消费者行为之间的深层差异，并将今天这个"有趣的时代"里的消费者形象地称为"变色龙消费者"——改变身份速度极快的消费者。

在移动互联网背景下的多元内容平台时代，变色龙消费者拥有塑造自我身份的多种可能性。他们的身份有时在一天之内就会变换好几次，而这在20年前是无法想象的。

面对变色龙消费者，而且是栖息在多文化生态下的变色龙，所罗门认为营销人必须打破过去长期使用的营销概念及操作方法，其中首要的就是要打破纵向思维（品类思维），不能再只思考垂直品类内的竞争，然后单纯地把消费者用人口统计或偏好细分这些粗放的维度定格为某种类型（或顾客特征）的人，再进行各种针对性的营销活动。

在这个新时代，我们很难把这些老式标签贴在变色龙消费者身上，因为这样做无法深刻地理解客户；而如同过去针对每种定格的消费者类型进行激励，在今天也很难得到期待中的反应。这一套机制在当下已经失灵！

所罗门强调横向思维，提出了许多新的操作性概念及方法，认为今天的消费者在评估每件商品时，不仅会看它与直接竞品相比有多大优势，还会看它与其他能共同表达消费者的品位和社会身份的相关产品及服务是否协调搭配。

所罗门认为要回归到从"消费者大脑工作的方式"视角去看待消费者。消费者大脑总在试图诠释那些闪耀在商店和媒体中的本无关联的产品，用它们来定义诸如雅皮士、环保狂人、校园红人、成功的管理者等社会角色。

他提出了"消费星座"的概念。消费星座是指在功能上各不相同，但是放在一起有共同内涵的品牌群，它们聚合起来共同定义了一种社会角色，具有相似社会角色的人群往往围绕多场景构成了消费部落，部落里的人拥有相似的生活方式。

他认为，当代的营销要做好"星座营销策划"，首先要打造品牌人设（对应品牌的目标消费者人设/用户画像），这是因为变色龙消费者经常在一天之内就会变换好几种不同的身份。今日的品牌在建立人设时，一个"人设"往往会包含几个角色，不同的场景会出现不同的人设版本。而且品牌要让每个人设成为目标消费者希望趋近的目标，即达不到就想达到，或者已达到并超越了，也会希望自己能回到那段时光。如果品牌只将人设对应在一个角色上，品牌就会被困在单向度的"人设笼子"里！

所以一个社会角色被投射出来的具象人设（用户画像），是由多场景下的每个场景对应的一组子角色共同构成的丰富集合体。

有了这个深刻的认识，品牌就要和属于同一消费星座的其他品牌建立跨界营销的合作伙伴关系，这就容易和目标消费者建立起关系，并唤起他们的共鸣。跨类别关联已经成为消费者记忆网络的一部分，当消费者遇到属于消费星座的一个品牌时，他们会关联到同属于这个消费星座的其他品牌。

除此之外，变色龙消费者的决策过程还是非线性的，他们在购买决策之前，会源源不断地与营销者进行互动沟通，所以今天的营销人要善于用原生营销进行宣传，模糊编辑信息和商业信息之间的界限；变色龙不再是消费决策上单打独斗的独行侠，相反地，他们有蜂巢思维，喜欢邀请所处网络中的群体共同参与，通过群体分享知识和意见，持续反馈循环维持成员之间的集体参与性；蜂巢群体每天24小时都在运作，始终处在多人同步反馈循环的永动状态。再加上KOX（业余博主和网红）成为文化鉴赏家或潮流缔造者，他们的言论对变色龙消费者选购产品有很大影响。最终，变色龙消费者通过"组委会"和KOX完成购买行为。营销人要回过头思考，在面向蜂巢思维与蜂巢群体时，该如何设计营销策略与执行营销活动。

本书提出了许多对当下时代的深刻洞察，将对品牌创新的操作方式起到重要的指导作用。例如，变色龙消费者所处世界的媒体是碎片化的；一个品牌的含义除了由企业设定之外，如今在很大程度上也由大众创造和赋予；变色龙消费者在企业的信息基础上加入自己的见解，他们喜欢也适应了品牌的无序发展状态。

优秀的营销人需要不断吸收关于当下变色龙消费者行为的深刻洞察，许多旧的营销的操作性概念及方法开始失灵，创新的营销机会悄然而至……掌握消费行为，创新操作方法，让我们的品牌与变色龙消费者同频共振！

致谢

我要感谢我亲爱的朋友和同事——已故的加里·巴莫西(Gary Bamossy)教授,感谢他的支持和意见。我想念你,加里!

特别要感谢我的优秀编辑凯西·斯威尼(Kathe Sweeney),感谢她在本书写作过程中给予我的鼓励和富有见地的反馈。

目录

导言　初识"变色龙"消费者　　　　　　　　　　001

第 1 章 | 营销分类的演变　　　　　　　　　　019

1.1　营销类别是文化类别　　　　　　　　　　022

　　1.1.1　谁构建了这些笼子　　　　　　　　　023

　　1.1.2　科学方法需要分类法　　　　　　　　025

　　1.1.3　实验室与真实的世界　　　　　　　　025

　　1.1.4　我们的认知图式影响我们的决策　　　029

　　1.1.5　我们的大脑如何创造图式　　　　　　031

　　1.1.6　我与他人　　　　　　　　　　　　　033

1.2　从研究现实世界的变色龙消费者中获取洞察力　035

　　1.2.1　预测消费者行为的秘诀　　　　　　　035

　　1.2.2　自然主义研究方法让营销组合锦上添花　038

1.3 理解新消费者并对他们开展营销 040
1.3.1 新型消费者属于微细分市场 041
1.3.2 新型消费者通过横向关联而不是纵向比较决定购买 043

1.4 创造打破传统类别的新产品 045
1.4.1 市场细分仍有价值，但日渐式微 046
1.4.2 个人市场 047

本章启示 049

第2章 | 不愿被人口统计标签定义的消费者 051

2.1 常规的人口统计细分市场法还重要吗 054

2.2 有产阶层还是无产阶层 055
2.2.1 瞄准有产阶层的奢侈品营销 056
2.2.2 在有产阶层内的市场细分 058
2.2.3 变色龙有产者 059

2.3 青年还是老年 061
2.3.1 根据世代划分的市场 062
2.3.2 变色龙老人 064
2.3.3 变色龙青少年 066
2.3.4 变色龙父母 067

2.4 我的种族（或民族）还是"无论我是谁" 069

本章启示 074

第 3 章 ｜ 抗拒传统购买行为的消费者 075

3.1 我们如何购买：线性决策过程 079

3.2 我们现在如何购买：非线性决策过程 083
3.2.1 元素 1：问题识别 084
3.2.2 元素 2：信息搜索 085
3.2.3 元素 3：评估选项 086
3.2.4 元素 4：购买 086
3.2.5 元素 5：购后评价 089

3.3 变色龙通过组委会完成购买 089

3.4 社交购物造就蜂巢思维 094
3.4.1 社会化评分：你发的帖子等同于你 095
3.4.2 面向蜂巢思维的营销 099

本章启示 105

第 4 章 ｜ 无视传统与线上模式之争的消费者 107

4.1 永远在线的数字原住民 110

4.2 在数字环境下接触线上与线下消费者 114
4.2.1 你的消费者有独特的网络身份 114
4.2.2 你的顾客正在线打游戏呢 116
4.2.3 你的顾客活在虚拟世界里 119
4.2.4 美得不真实 122
4.2.5 隐私与公开：网上的公平游戏 123

4.3 在实体环境中触达线上与线下消费者　　125

- 4.3.1 普罗蒂斯效应　　125
- 4.3.2 残疾人的新天地　　125
- 4.3.3 利用增强现实技术获取线上与线下消费者　　126
- 4.3.4 利用虚拟现实技术获取线上与线下消费者　　128
- 4.3.5 线上与线下消费者的未来　　130

本章启示　　131

第 5 章 ｜ 不愿定格为买家或卖家的消费者　　133

5.1 窥视和服下的秘密：让你的消费者成为共同创造者　　137

5.2 如何与既生产又消费的变色龙打交道　　139

- 5.2.1 利用顾客生成内容来开发新产品　　140
- 5.2.2 利用设计思维来改善顾客体验　　140
- 5.2.3 利用众包，三个臭皮匠抵个诸葛亮　　142
- 5.2.4 广告和公关的众包　　143

5.3 零售商还是消费者　　144

- 5.3.1 "手工炸薯条？"对真实性的追求　　145
- 5.3.2 直销进一步敲开了牢笼　　147

5.4 拥有还是租赁　　148

本章启示　　150

第 6 章 ｜ 拒绝传统性别角色和性别刻板印象的消费者　　151

6.1　性别角色和性别认同不是固定不变的　　154
6.1.1　Z 世代是后性别时代　　155
6.1.2　性别扭转是一个巨大的市场　　157

6.2　男人如何超越男性刻板印象　　158

6.3　女人如何超越女性刻板印象　　160

6.4　外表对所有性别都很重要　　161
6.4.1　男性美容市场　　163
6.4.2　挑战精英与大众的界限，设定自己的审美标准　　164

6.5　性别角色的演变促生新的消费市场　　165
6.5.1　中性时尚的市场正在增长　　166
6.5.2　LGBTQIA+ 市场正在崛起　　168
6.5.3　第三种性别（以及更多）　　169

本章启示　　170

第 7 章 ｜ 拒绝割裂品牌和自我身份的消费者　　173

7.1　为什么品牌非常重要　　175
7.1.1　品牌共鸣　　177
7.1.2　品牌和个人身份　　177
7.1.3　针对不同自我开展差异营销　　181

7.2	我们选购符合自我概念的产品	182
7.3	神圣的消费和世俗的消费	183
	7.3.1 通过营销使世俗的东西神圣化	184
	7.3.2 高雅艺术与低俗艺术	185
	7.3.3 艺术品与工艺品	186
	7.3.4 我们对艺术品的定义正在扩展	187
7.4	改善品牌体验	188
7.5	消费定义了我们	190
	7.5.1 身体是行走的广告牌	191
	7.5.2 自我的延伸	193
	7.5.3 "你让我变得更完美"	195
	7.5.4 人靠衣装马靠鞍	197

本章启示 199

第 8 章 | 挑战传统媒介边界的消费者 201

8.1	三种媒体：付费媒体、自有媒体和免费媒体	204
	8.1.1 付费媒体伪装成免费媒体	205
	8.1.2 付费媒体与蜂鸣营销	209
	8.1.3 讲故事：这不只是为了睡觉	211
8.2	营销人员在井中投毒？区分营销虚构内容和事实	215
8.3	应对混乱的媒体（这正是变色龙所处的世界）	218
	8.3.1 转变一：消费者主动定义品牌意义	220

	8.3.2	转变二：微观细分——流行文化的碎片化	220
	8.3.3	管理你的数字房地产	221
	8.3.4	学会热爱无序状态	222
本章启示			223

第9章 深情告别我们喜爱的二分法 225

9.1	七种过时的二分法	227
9.2	让我们在清单上再加两个正在消逝的二分法	228
9.3	排斥将人类与计算机对立的消费者	230
	9.3.1 机器代替人类的边界在哪里	231
	9.3.2 机器的崛起：人工智能对店面销售意味着什么	233
	9.3.3 未来就在眼前	238
9.4	排斥将工作场所与玩乐场所对立的消费者	239
	9.4.1 工作生活与家庭生活	240
	9.4.2 工作变成了玩乐	243
	9.4.3 玩乐成为了工作	244
9.5	现在，喂养你的变色龙吧	247

本章启示 248

参考文献[①]

[①] 全书各章的参考文献，有需要的读者可从颉腾微信公众号下载查阅。

导言

初识"变色龙"消费者

这位是索菲亚：

- 她是一名拥有英语专业学士学位的 24 岁西班牙后裔。她是双性恋。她更喜欢用代词 ze 而不是 she，更喜欢用 zir 而不是英文所有格 her。在本书中，我仍沿用 she 和 her，不是不尊重索菲亚的用语习惯，而是为了避免不习惯这些措辞的读者因为我的文字而分心。
- 她刚结束一段持续了三年的感情。她没有孩子，但是很宠爱她的哈巴狗凯尔比。她住在曼哈顿的一个复式小公寓里。
- 她晚上出门时，穿着像极了夜店女郎，但事实上她讨厌吵闹、烟雾缭绕的地方。
- 她是个目标导向的人，她会仔细规划并定期更新自己的职业发展路线。
- 她每周至少去两次健身社区（CrossFit box）[①]训练。
- 她喜欢烹饪，但只喜欢做素食。
- 她为自己在过去 5 年去了 50 场费西（Phish）乐队[②]的音乐

[①] 一项起源于美国 CrossFix 健身公司的健身项目。学员在专业教练指导下，高强度地持续完成多种功能性动作，以获得特定运动能力为目标进行群体训练。——译者注

[②] 费西乐队成立于 20 世纪 80 年代。该乐队风格多元化，因擅长即兴演奏和现场表演而闻名，是美国文化生活中不可或缺的一部分。——译者注

会而自豪,她还是夏奇拉(Shakira)[①]粉丝网站的铁粉。
- 她是绿色和平组织的志愿者。
- 她坚定地支持美国民主党的大多数政治立场,但是因为从小接受天主教教育,她反对堕胎,所以她对支持自由派的竞选人非常忐忑。
- 新冠疫情期间,她和朋友在 Zoom 在线视频会议平台上每周举行一次快乐时光线上聚会,每次云会面时大家会品尝不同的手工啤酒。
- 她工资很高,但是总觉得自己可能会失业,并且可能在毫无征兆的情况下无家可归。
- 她在大通曼哈顿银行(Chase Manhattan Bank)工作。上班时,她的着装非常保守,总是谨慎地遮住胳膊上显眼的文身。
- 她沉迷于在 Etsy 网站(一个手工艺品交易平台)上购买小饰品。
- 她喜欢在沃尔玛物色促销食品,但她的大部分休闲服装却是在城市生活用品(Urban Outfitters)和快时尚品牌 Topshop 网站上购买的。她绝大多数的工装是从租衣平台 Rent the Runway 上租来的。
- 她正在为前往加拉帕戈斯(Galapagos)群岛的两周旅行攒钱。

索菲亚的生活方式究竟属于哪种类别?试图描绘索菲亚的营销人员要犯愁了。像索菲亚一样,今天我们当中的许多人改变身份的速度比变色龙改变颜色还要快!

[①] 夏奇拉,1977 年生于哥伦比亚,是一位创作型流行歌手,以演唱和创作拉丁风格的歌曲著称。——译者注

认识你的客户——变色龙消费者

无论你是在美国，还是在欧洲、亚洲或其他地方，都可以在你周围发现这类消费者（也许在你照镜子时就会看到"变色龙"）。今天，许多消费者不愿意被归类，有时甚至刻意不定格为某种类型的人。他们（或许是 ze、eir、thon、vae 或 ne）渴望摆脱小隔间、标签、"细分市场"的拘束，尤其是当他们用林林总总的营销者提供的生活方式"原始素材"构建起独特的自我时，他们渴望打破那些限制他们表达独特自我的囚笼。他们的生活像一项与时俱进的工作，并且始终处于探索阶段。

从寡头独大到群雄并立

我们当时不懂珍惜，但在"美好的过去"（例如，几十年前），营销人员有过一段相当轻松的时光。消费者尊重权威人士，而且我们深谙在哪里可以找到这些人，以及如何争取让他们为我们做推广。当时只有包括 ABC、NBC、CBS、BBC 一台和二台在内屈指可数的电视台，受欢迎的广播电台为数不多，还有像《时代》（Time）、《生活》（Life）、《时尚》（Vogue）和《旁观者》（The Spectator）这样发行量大的几家纸媒杂志，几乎人人都通过阅读来了解世界和决定他们要买什么。

那个时候，我们用非常宽泛的类别来认识世界，如第一世界和第三世界、年轻人和老年人、男人和女人、我们和其他人。人们刚走出第二次世界大战带来的伤痛，营销机器就快速运作起来，为人们带来繁荣社会的好处，却没有提供太多可选择的选项。战争时期物质的匮乏压抑了大量的需求，以致人们在花钱买东西时无暇挑剔细节，而且当时标新立异（不从众购买他人选购的产品）的社会压力也很大。

事实上，甚至在第二次世界大战之前几十年，亨利·福特广为人知的一句名言是："顾客可以选择任何颜色的汽车，只要它是黑色的。"在工业革命早期，大规模生产的目的就是尽可能提高效率和产出，这种一刀切的做法存在一定的合理性。尽管这种传统观点在大萧条后开始站不住脚跟，在战后若干年中，我们仍维持着一个比现在更公式化、千人一面的社会（特别是第二次世界大战后，总的来说，文化多样性的理念仍然是一个白日梦）。

随着消费者群体分裂成越来越小的利基市场，进入20世纪50年代后，我们开始从单元结构向多元结构转变。像《展望》(*Look*)①和《周六晚邮报》(*Saturday Evening Post*)②这类大众发行期刊逐渐衰亡，取而代之的是多种专业杂志。编辑们发现，他们可以通过帮助广告客户更精准地接触到具有特定需求和品位的受众来增强竞争力。

有线电视台、互联网电台和地方广播电台也大量涌现。1992年，布鲁斯·斯普林斯汀（Bruce Springsteen）在他的歌曲《57个频道（却没看头）》[*57 Channels (And Nothin' On)*]中哀叹电视频道越来越多，电视节目质量却每况愈下。但是，这一著名的哀叹在今天看来像无病呻吟，即使在57后加一个0，也不能穷尽我们今天能接收到的所有频道（其中许多频道无人问津，但那是另一回事）。

觉醒回到现实

有句诅咒人的话："祝君永无宁日。"不管你喜欢与否，我们都生活在不平静的时代。这个时代充满了危险和不确

---

① 《展望》是美国爱达荷州在1937—1971年间发行的双周刊。该期刊内容以照片为主，主要报道美国社会和文化方面的名人及事件。——译者注
② 《周六晚邮报》创刊于1897年，内容覆盖小说、纪实文学和漫画等。它在1897—1963年间以周刊形式发行，是当时美国中产阶级中流传最广、影响力最大的杂志之一。在1963—1969年间，该杂志改为双周刊；从1971年开始，进一步削减为双月刊。——译者注

定,但也是人类历史上最具创造力的时期(罗伯特·肯尼迪,1966年)。[1]

猜猜怎么着?伙计们,派对结束了。多年来,营销人员依照相当宽泛的年龄或收入档位,或者轻率地按性别划分消费者,就在细分客户这个问题上蒙混过关了。新思想、新产品、新风格在大众媒体上不断涌现,由此顺理成章地赢得了大多数人的接纳。年复一年,在热门歌曲、服装款式、家居用品等领域成就了一群优势明显的市场赢家。

然而,麻痹的消费者正在觉醒,撼动着营销人员过往给消费者设定的细分框架,单一的营销策略在这个世界上行不通了。时至今日,我们当中的许多消费者有充分的理由不再接受营销人员给我们贴的标签。和我们的朋友索菲亚一样,我们只是不遵从营销人员对我们做什么、想什么和买什么的假设。一场消费者革命即将来临。

这场革命要求营销人员重新审视他们多年来建造起来的市场细分规则。这并非易事。传统营销策略建立在可预测性和稳定性的基础上,营销人员因为认为我们"理解"消费者的昨天、今天和明天而感到安心。为了做到这点,营销人员热衷于把人们归为不同类别,而且通常用超级整齐的二分法,然后工作就算结束了。

不幸的是,这种强烈的认知倾向正是心理学家所谓的"名义谬论",人们自以为只要给某个事物取了个名字,我们就定义了这个事物。[2] 因此,我们喜滋滋地用千禧一代、空巢者、亨利斯(Henrys,即High-Earners-Not-Rich-Yet,是指高收入、高消费却不富裕者)、休闲消费者等有趣的术语来描述我们的目标顾客。然后,我们给自己击掌庆祝,自以为稳妥地理解了这些客户,知道如何激励这些人做出我们期待中的反应。我们已经毫发无损地把他们分到他们的笼子里,并在门上贴上了可爱的标签。我们可以安心地睡下,因为我们知道当我们准备向他们推销时,能够轻易地再次找到他们。

这些笼子过去是坚固的，营销人员依靠它们构建起一个框架，作为他们传统的战略性世界观的基石。这种相当简单的方法在很多年里运作得非常好，难怪营销人员想继续依赖它。但是，时过境迁。现在，许多这些舒适的笼子正在快速地打开。像索菲亚这样的"变色龙"和数以百万计的其他人正在以超乎寻常的速度爬出笼子，而其他人也在警觉地观望，开始考虑做同样的事情。

不要绝望！创造性的破坏是一件好事。如果我们要在当今残酷的市场中茁壮成长，就需要打开这些笼子。虽然要放弃那种因确信自己理解顾客而带来的安全感真的很难，但是，请深呼吸，准备好打开那些笼子的门。

垂直式销售与水平式购买

好吧，很遗憾我要指出事情变得更混乱了！实际上，营销人员也喜欢把自己关在笼子里。同样地，熟悉且可控的感觉往往诱惑我们作茧自缚。但是，如果我们准许自己窥视和考虑别的可能性，就会发现还有许多机会等待着我们。为了说明视野开阔的好处，让我们做个小测验。

请快速作答：白葡萄酒、布里奶酪（Brie cheese，一种以法国东北部出产地命名的软牛奶乳酪）、壁球拍、布克兄弟（Brooks Brothers）的西装、新鲜罗勒酱、劳力士手表和宝马车有什么共同点？

消费星座

任何一位在美国流行文化中浸泡了几十年的人，都可以很快得出答案。以上这些产品是臭名昭著的"雅皮士"（Yuppie，城市里年轻能干、追求时尚生活的专业人士）消费者喜爱的产品，他们早在20世纪80年代就主宰了电视营销。类似地，斯隆漫游者[①]（Sloane Ranger）主导了英国市场。这组表面上无关的产品是消费星座的一个例子：一组象征性的相关品牌，聚合起来共同定义一种社会角色。

但是，营销人员为什么需要关心来自20世纪的过时媒体编造出来的事物呢？

很简单，这个消费星座提醒我们，虽然营销人员以纵向思维开展销售，但消费者是用横向思维进行购买的。虽然消费星座内的具体商品可能会随着时间而演变（有些商品会作为经典传承下来），然而，无论何时我们都可以认出一组在功能上各不相同，但是放在一起有共同内涵的产品和服务。

即使在今天，雅皮士原型的升级版仍然游荡在富裕的市郊和翻新改造过的城区街道上。也许是一个昂贵的莱丰（Liforme）瑜伽垫，一架银十字品牌（Silver Cross）豪爵系列婴儿推车（售价仅为4 000美元左右），一瓶带有黑醋栗、可可粉和烟草味道，余味悠长、口感丝滑的解百纳葡萄酒，一份从净食电商Blue Apron订购的新鲜食材，一块丹尼尔·惠灵顿（Daniel Wellington）手表，或者一些现在在名流群体中取代了过去雅皮士商品地位的其他奢侈品，但是它们的意思是相同的。

纵向思维

这对我们与客户的关系意味着什么？大多数CMO（首席营销官）为了产品品类市场份额夜不能寐，尽心尽责地比对自己的举措与该品类主要竞争对手的做法。这意味着他们经常把自己限制在笼子里，而笼子的栅栏源自他们内心坚守的行业垂直标准。企业以生产非常类似

[①] 斯隆漫游者是指伦敦上流社会恪守传统又追求时髦的年轻人们，其原型盛传是戴安娜王妃。——译者注

的产品和服务的少数几个其他企业作为基准，严格盯住这些基准就造成了一种营销近视病，看不到人们购买行为的初衷。这就是纵向思维。

横向思维

但可惜的是，你的客户不是这样理解你所销售的东西。很抱歉打断你的想法，但他们真的不关心你的市场份额。当他们决定是否购买你的商品时，他们心里装的是其他目标，而不是你的年终奖。

这样想吧，营销人员卖的是一盏灯，但消费者买的是一个家；营销人员卖的是一件衬衫，但消费者买的是一身打扮；营销人员卖的是一道主菜，但消费者买的是一次就餐体验。你得明白这个道理。因此，消费者在评估每件商品时，不仅要看它与其他直接替代品相比有多大优势，还要看它与其他能共同表达消费者的品位和社会身份的相关产品及服务是否协调搭配。这就是横向思维。

洞见空无

想象一下，古希腊人仰望夜空，盯了几个小时（那时候还没有光污染）。他们看到了数以百计的星星，他们想知道为什么它们会出现在那里。这些人利用他们的想象力编造出天文星座。他们将夜空中闪耀的不相关的星星联想在一起，创造出生动的故事。他们"看到"的不仅是随意散布在天空中的亮光，还有他们想象中这些星星拼凑出的画面，如北斗七星、猎户座的腰带或者是其他图像。他们是有创造力的人，但他们之所以能创造出这些故事，是因为这就是人类大脑工作的方式。它们厌恶随机性，喜欢归纳意义和模式，甚至在客观上不存在意义和模式时也是如此（后文将对此展开更详细的探讨）。

与那些观星的希腊人相似，现代消费者试图诠释那些闪耀在商店和媒体中、本无关联的产品，把它们结合在一起来定义诸如雅皮士、环保狂人、校园红人、成功的管理者、带孩子参加体育活动的足球妈妈等社会角色。当我们认识新事物时，我们试图找出新事物与我们现已熟悉的其他事物之间的关系以理解它们的意义。这就是人类大脑理解我们所处复杂世界的意义的工作方式。

这种看待世界的方式与传统的以营销人员为中心的视角大相径庭。如果你能倾侧你的头（这是个比喻），也许能以一种新的方式看待问题。你将可以像你的客户那样思考。这在大多数人不能或者不愿意改变思维模式的大环境下，是一个巨大的优势。

改变思维，发现新的机会

横向思维打开了笼子里的一扇门，将带来战略性的机遇。例如，与属于同一消费星座的其他公司建立潜在合作伙伴关系、品牌延伸或促销策略等。

注意，从常规的垂直视角可能看不清这些机遇，因为其他公司的经营范围可能与你所在的垂直领域毫不相关。为什么像宝马这样的汽车制造商会与豪华皮革品牌路易威登（Louis Vuitton）找到共同点？它们确实找到了交集。例如，路易威登为适应宝马i8跑车的有限空间专门设计了一套旅行箱包。[3]可以肯定的是，虽然这只是成功跨界营销的一个实例，但也反映了一种认识，即宝马车消费者和路易威登消费者可能是同一群人。

现有研究结果支持这样的观点，即我们是以产品集的方式来思考的。当消费者遇到属于消费星座的一个品牌时，他们希望能找到同属于这个消费星座的其他品牌（功能上无关）。我们在实验室研究中发现，如果向受访者提示某消费星座的一个品牌，受访者在接触到该消费星座的其他品牌时的反应速度，要比遇到其他无关品牌时快。[4]这意味着这些跨类别关联已经成为记忆网络的一部分，因此当我们的大脑思索事物间的联系时，它们更容易被想起来，而且，人们很早就在大脑中建立起这些品牌之间的关联。有关研究表明，类似的影响对儿童也奏效。[5]

通俗地说，一旦我们看到一个与特定消费星座相关的产品，开始思考这个消费星座，我们的大脑就会很快地识别出其他垂直领域的产品，并且将它们投射到这个社会结构中来。

一旦我们开始探索这些消费星座，就会发现它们在我们身边无处不在。例如，它们经常（尽管很微妙地）帮助我们理解在书籍、戏剧、电影、电视节目还有广告里看到的各种故事。事实上，布景设计师或道具师的工作就是给故事情节添加陪衬景物，这样我们就能立即识别出我们所面对的人物类型。在实际操作中，这些专家通常搜罗车库甩卖的旧货或者在节目拍摄地附近的商店挑选"逼真"的家具陈设，来实现工作目标。

仔细看看电视节目和广告，你很快就会发现，即使没见过真人，你也能编出一个假定生活在虚构世界里的人的故事。几年前，在我与MTV欧洲公司进行的一项研究中，我们以静音形式给孩子们播放了一组他们以前从未见过的音乐视频（那时候的MTV主要就是播放音乐视频），然后，我们让孩子们猜测背景中可能正在播放的音乐类型，不出所料，几乎所有人都给出了正确的答案。只需仔细观察视频拍摄地点以及演唱者和歌迷的穿着，人们不需要听到音乐也能猜出其风格流派。[6]

从纵向视角转变为横向视角，对战略思维来说意味着什么？毕竟，生活方式营销已经是营销人员武器库中一件得心应手的武器。考虑到干邑是嘻哈亚文化的一部分，[①] 拿破仑干邑（Courvoisier）和美国著名嘻哈唱片公司 Def Jam Recordings 结成了合作关系。品客薯片

---

① 酒在嘻哈音乐里扮演着不可或缺的角色，其中以干邑最具代表性。为了表示与主流白人文化的不同，大约从20世纪90年代至21世纪初，黑人嘻哈歌手大量饮用能凸显其身份和生活品质的干邑。干邑借此契机重新定位了其市场形象，奠定了在嘻哈文化中的地位。——译者注

（Pringles）推出了一款名叫"饥饿锤"的游戏装备，每当玩家射杀巨魔时就将薯片送入他们的口中。这些都是将品牌与消费者更广泛的体验联系起来的有益尝试。

生活方式营销是营销人员迈出的宝贵的第一步，但是如果营销人员真的想了解他们的品牌与其他产品和服务如何共同创造消费者的体验，他们要做更深入的研究。聚焦于使用你的品牌的消费者，进一步探究他们如何使用你的品牌，并且，更重要的是了解他们在扮演各种社会角色时会同时使用哪些其他品牌。

例如，假设你管理法国娇兰（Guerlain）公司一款名叫娇兰蝴蝶夫人（Guerlain Mitsouko）的香水品牌。当你与使用这种香水的女性交谈时，可能会发现她们中的许多人特地在去夜店时使用这款香水。如果你请她们详细描述去夜店前的准备，可能会发现她们当中许多人打算穿一件紧身连体衣，或者穿一条连衫裤搭配高跟鞋。也许她们会说出像希音（Shein）或BCBGMaxAzria这样的品牌，也许一条Kendra Scott或Steve Madden品牌的贴颈项圈、一双Shelly London或Kate Spade品牌的高跟鞋也在她们的备选清单之列。你可能还没有意识到，你已经建立了一个可以为你的品牌定位带来更多卓见的"夜店女孩"星座。你也许还找到了突破纵向行业领域限制、开展跨品牌促销的潜在合作伙伴。如果你的品牌不能很好地与其他品牌合作，这可能是一个迹象，表明它没能引起你的顾客本应产生的共鸣。

大数据应用为我们提供了前所未有的机会，用消费者购买其他品类的行为来预测消费者对某品类的使用情况。即使是相当直接的网页抓取操作，也可以做到这一点。你只需抓取大量的在线数据，然后分析其主题模式，就有助于找出当消费者发帖提到你的品牌时所涉猎的其他（非竞争性）品牌。

消费星座 vs. 消费心理

如果你在探索消费星座,切记要以消费者为中心:条件允许的话,除了查看数据,还要让你的消费者告诉你,他们对使用你的品牌的人会联想到什么其他产品和服务。尽可能探索你能打开的其他潜在窗口。广告把主角描绘成某类社会角色,在他们的消费星座背景下定位品牌,可能更容易引起目标消费者的共鸣。如果创意人员将新产品与消费星座中现有的其他产品相匹配,新产品将更容易被消费者接受。

研究消费心理的营销人员通常会收集多种具有辨识性的标志的数据,如受访者的政治信仰、参与的社区团体,当然还有可能是经常使用的品牌。这些指标被称为 AIO [活动(activities)、兴趣(interests)和观点(opinions)]。

然而,这些研究往往就像捕鱼探险,其目标是收集大量数据,然后对数据进行切分,看看哪些测量指标与数据集中的其他测量指标有关联。我们最终可能得到一些非常有趣的关联组合。例如,2016 年的一项分析报告称,喜欢看"鸭子王朝"(Duck Dynasty,一个自称"乡下人"家族的真人秀节目)的美国人也有可能投票给唐纳德·特朗普。[7] 但这类所谓洞见都是事后诸葛亮;这些关联是逐渐浮现出来的,而不是通过事先规划安排,或者诸如"某种社会角色的成员公认他们很可能使用这些产品"这样的关系来验证的。

相反,产品互补法是立足于某个社会角色往后推演,识别出一系列相关的产品和服务。这种方法与快速创建品牌人设的做法更为一致,先详细描绘你的重度用户,然后围绕这个拟订的人设展开营销策划。[8] 采取积极主动的策略,与其他可以让这个拟订的用户画像鲜活起来的品牌展开联合活动,你就已经发起了一个星座营销策划。

不要在你的消费者横向思考时,一根筋地只考虑纵向问题。

打开囚笼的时机到了

正如我们所见,我们的头脑乐于对我们认知的世界进行分类。就像那些古希腊人一样,我们通常对客观上不存在的事物赋予某些意义,而且,一旦我们在大脑中树立了分类体系及其对应的意义,我们就很难很难忘却这些关联。

由于我们在生活中不得不消化数以百万计的碎片化信息,这种认知方式通常为我们吸收理解庞大的信息提供了莫大的帮助。但是,如果我们任由通过给人、地、物编造的标签来主导我们的营销策略,甚至在这些名称已经失效时还这样做,这种对分类的认知依赖就会造成障碍。

与有刻板印象的行为表现比较一下,我们就很容易理解这个问题。刻板印象基本上是,即便了解到与原有印象相矛盾的信息,也不会消除对某个特定的人或人群的一套成见,他们会说:"不要用事实来迷惑我!"

我们注意到这种令人遗憾的倾向。例如,如果一个来自不同社会群体(如种族不同)的人的行为方式,与我们先前认为的该群体的行为方式不符,在这种情况下,我们可能会进行心理调适,将这种冲突合理化。例如,认定这个人在某种程度上不属于那个群体的"真正成员"。我们过度劳累的大脑厌恶看到不一致的东西,它们宁可歪曲事实来解决问题,而不是承认一个老掉牙的偏见实际上是不正确的。

部分出于简化混乱信息的动机,我们营销人员普遍倾向于选用简单的二分法,但是这种方法可能会掩盖重要的细微差别。即便我们内心深处知道黑白之间有许多种灰色的阴影混杂其中(甚至比《五十度灰》一书中谈到的还要多),我们仍倾向于用非黑即白的方式思考。一旦我们构建起这样的二分法,就建起了"笼子",把我们的消费者分到一个笼子或另一个笼子里。

在这本书中，我们将探讨其中七种基本的对立二分法（也会提及很多其他的二分法）。然后，我们将指出为什么它们已不适用当今的情况。打开这些笼子（无论部分还是全部）预示着营销和消费者行为在未来将发生惊天动地的变化。无论你喜欢与否，我们的顾客正在成为"变色龙"，一旦笼门开始吱吱作响地打开，他们就会努力逃离这些笼子。他们拒绝被贴上这些标签，并以他们力所能及的最快速度出逃。营销领域基石的这些变化反过来要求我们重新审视我们自以为熟知的消费者，以及他们对营销人员的旧看法。

以下是我们将在随后的章节中循序渐进研究的七种基本的对立二分法。在每个例子中，我们都会看到这些二分法不再像我们认为的那样有效。这是因为我们的顾客坚持不懈地反对它们。传统主义者可能对此坐立不安，但是，当你深入思考如何在这个陌生的新世界进行营销时，最好牢记温斯顿·丘吉尔（Winston Churchill）的话："悲观主义者在每个机会中都看到困难；乐观主义者在每个困难中都看到机会。"[9]

七种过时的二分法

（1）我们与他们：广泛使用的人口学二分法，如富人与穷人、年轻人与老年人。

（2）我与我们：单个决策者与其同伴。

（3）线下与线上：实体世界中的消费者行为与数字世界中的消费者行为。

（4）生产者与消费者：制造东西的人与购买东西的人。

（5）男性与女性：极端的性别二元论。

（6）身体与财物：我们生物学意义上的身体与我们穿戴在身上或

放在身体里的东西。

（7）非广告内容与商业广告：旨在为我们提供信息的沟通与向我们推销的沟通。

我希望你们喜欢解读这些笼子，就像我喜欢解锁它们一样。

第 1 章

营销分类的演变

世界上有两种人：一种人认为世上有两种人；另一种人不以为然。

为什么我们普遍存在对消费者进行分类的冲动？一个简单的答案是：这就是我们大脑的工作方式。心理学家认为，当我们遇到一个新鲜事物（或人）时，在短短几毫秒内，我们的直接反应就是把它（他）归入一个熟悉的类别：好还是坏，弱还是强，二进制代码中的 0 还是 1，普通咖啡还是无咖啡因咖啡，成衣还是高级定制时装，向左滑动还是向右滑动。

建个框架，把人分成三六九等，取决于我们最初相逢那一瞬间给他们贴上的类别标签。这种心态也许是穴居时代遗留下来的，毕竟在原始社会如何区分不同的人是生死攸关的事情。

设想一下，一个史前人类在大草原上游荡。突然，他发现一个陌生人朝他走来，他必须立即做出判断：是朋友还是敌人？错误的答案可能让他陷入非常糟糕或至少不利的状况。今天的我们用握手礼仪来破解这个进退两难的局面，这个手势最初的用意是向他人保证自己手里没有武器。新冠疫情后，握手礼似乎被击肘礼所取代。尽管有了这些更为文明的解决方案，但我们对"好还是坏"的判断过程与我们远古的祖先并没有什么本质的不同。

1.1 营销类别是文化类别

如果你停下来思考一下,你所知道的一切都属于一个类别。在某些情况下,你的大脑已经完成了给每个物件贴上一个标签的繁重任务,但是每个人往往只是遵从其文化预先烙在他们心中的认知结构。我们赋予产品的意义反映了潜在的文化类别,与我们描述世界的基本方式相呼应。[1] 我们的文化把一天中不同的时段分成不同类别,如休闲时间和工作时间,也会区分许多其他方面的差异,如性别、场合、人群等。

营销系统很适宜地为我们提供了标识这些类别的产品。例如,服装行业为我们提供了标记特定时间和穿着场合的标签,如正装、商务职业装、商务休闲装,甚至是周五便装日的着装。它区分了休闲服和工作服,并提倡男性化、女性化或中性的风格。它还以其他方式标识自己,体现自己的价位段和适用人群的年龄层,如高级定制时装(Haute Couture)、设计师品牌服装(Designer)、高级成衣(Ready to Wear)、时尚前卫的当代品牌(Contemporary)、介于设计师品牌与当代品牌之间的桥梁派服装(Bridge)。①

无论我们从哪个文化范畴的角度看,都能发现类似的渐变层次。想想我们日复一日使用的以下类别:开胃菜、主菜、甜点;保守党和联合党、自由民主党、工党、苏格兰民族党;丹麦现代家居、乡村风家居、古董风家居、工业风家居;英超、英甲、德甲、意甲;新手、

---

① 欧美时尚界根据价位、质量和创意对时尚品牌进行市场细分,这种市场细分方法也称为时尚金字塔。(1)处于顶端的高级定制时装仅面向少数高端客户。这些量身定制的作品有着高超的制作工艺和精致的细节,通常被视为艺术品。(2)高级成衣按相对标准化的尺寸来生产,它们不是定制单品,但仍极具创意特色,体现着设计师的理念和浓烈的品牌风格。(3)设计师品牌的创意灵感源自高级成衣,但通常风格更休闲,并且以更低的售价、更宽的分销渠道来吸引更广泛的用户。(4)桥梁派品牌是填补高端和大众市场之间空白的品牌,主要面向愿意为适当质量水平付费的中端消费者。(5)时尚金字塔的末端是大众市场品牌,它们以实惠的价格提供时尚产品,尽量吸引大众消费者。——译者注

半吊子、专家；轿车、跑车、敞篷车、运动型多用途汽车（SUV）；小说、纪实文学；一本正经的清教徒、赶时髦的小青年。

我们几乎生来就内化了这些深层的认知结构，尽管我们可能没有意识到我们的判断多么老套——想想那些热销的电视节目、电影和流行小说的基本类别。举个极端的例子，在浪漫小说中，你实际上可以使用一个模板，通过系统地改变故事的某些固定桥段来"写"出催人泪下的情节。从本质上讲，你要做的只是把表里空白的地方填上，决定处在困境的女主角是一个天真的少女、一个厌世的名媛，还是一位雄心勃勃的职场女性等。[2] 再加上一些熟悉的陈词滥调，如"绝世美颜"和"铁汉柔情"，也许你已经能写得得心应手了。

其他熟悉的艺术形式，如电视，也遵循同样的模式。细想我们熟知的电视节目流派，它们几乎总是遵循一些文化范式（见表1-1）。[3]

表1-1 媒体流派的文化范式

流派	西方经典	科幻	硬汉侦探	家庭情景喜剧
时代	19世纪	未来	现代	任何时段
地点	文明社会的边缘	太空	城市	郊区
主角	牛仔（孤独的个体）	宇航员	侦探、间谍	父亲（人物）
女主角	女学生	太空女孩	遇险的年轻女子	母亲（人物）
移动工具	马	宇宙飞船	老爷车	旅行车与运动型多功能车
武器	转轮枪、来福枪	射线枪	手枪、拳头	辱骂

1.1.1 谁构建了这些笼子

我们讨论至今的笼子是怎么来的？是摩西从西奈山上得到上帝的启示，宣告时装业将遵循春夏系列、秋冬系列、早春度假系列和早秋系列四季发售服装？摩西给了我们其他分类表，如小说与纪实文学、丹麦现代家居与做旧古董风家居等？显然不是，但即使他们的客户打破了常规，大多数企业也极不情愿挑战既定的秩序。

传统的知识结构使用预先建立的系统对内容进行分类。分类体系是由专家们创造的分类法。例如，你可能已经学过（也许忘记了）生物学家用于对生物体进行分类的经典系统（林奈分类法），该系统按域、界、门、纲、目、科、属、种8个级别划分世上所有的生物。[4]

这些分类体系的结构往往合乎逻辑、全面综合，而且实用性强。问题是，它们不一定反映人们实际的思维方式。除非我们被训练（或被灌输）去遵循某种预设的系统，否则我们很可能会想出其他方法来梳理我们的知识。我们可能会自创一套"大众分类法"取而代之，选用一套对我们有意义的表述标签或标记，而不是预定义的术语，你可以用自己的方式对你的衣服进行分类，如用"适合聚会""过时款""不再合身"等标签。

专业分类法和大众分类法之间的差异会给企业或其他组织带来两个问题：

（1）顾客可能需要协助，将一个行业使用的术语翻译成他们所能理解的参数。

（2）由于顾客创建了自己的知识结构，他们比较备选项的方法有别于行业内专业人士看待竞争对手的方式。

因此，调香师从前调、中调和基调的角度来区分不同的香水，但顾客很可能将竞争品牌标记为橘香、无畏、奢华、女人香，或者是金·卡戴珊（Kim Kardashian）最近在博客中力推的个人同名香水。

当我们比较亚马逊整理它的电商平台商品的方式与顾客讨论亚马逊平台销售的商品的方式时，很容易发现这种脱节。亚马逊使用一种逻辑分类法，将网站细分为图书、电影、音乐和游戏、计算机和办公产品等部分。然后，在"图书"类目，顾客可以再继续探索诸如"科幻"等不同的书籍类型。

1.1.2 科学方法需要分类法

自然科学和大量社会科学中严谨的研究都建立在科学方法的基础之上，强调以客观的方式理解自然现象的重要性。作为现代主义的产物，这一范式试图纠正人们基于迷信和"非理性"解释对世界形成的种种认识，从星球运动到社会异常等方方面面的"误解"。

随着19世纪后期第二次工业革命的大发展，技术取代宗教占据了至高无上的地位。工程师、发明家和科学家成为"新祭司"，庆祝理性时代的到来。

流线造型、对称的摩天大楼取代了装饰华丽的大教堂。人们开始"崇拜"科学，并将其视为灵丹妙药。1964年的纽约世界博览会使人们对"技术解决世界问题"的信念达到了巅峰。它展出了不少新奇之物，如可视电话（远早于视频会议兴起之后的Zoom Happy Hours）、喷气飞行背包以及通用汽车的未来场景，该展览承诺在不久的将来会给我们带来月球殖民地、宇宙通勤飞船、移动人行道和水下酒店。[5]

现代主义者或实证主义者探索客观事实。通过系统的探索之旅，他们相信有可能找出统领世间万物运作方式的基本法则。真相就在那里，我们要做的就是找到它。

1.1.3 实验室与真实的世界

科学家们推崇的基本二分法是"在这里"与"在外面"。为了研究一种现象，我们需要把它从其自然发生的环境中分离出来。这使我们能够排除"干扰因素"，避免它们可能掩盖我们观察到的真正原因。我们尽职尽责地采集样本，将其带入无菌实验室，并尽可能在保持其他一切不变的情况下对样本进行实验。如果我们在完成实验后观察到有变化，就有更大的信心认为它们与我们所做的实验有关，而不是与现实世界中一些其他无规则的事物有关。

多年来，我们把顾客关在整齐的小笼子里，如年龄组、收入组或性别组。我们可能会收集（或更有可能购买）以某种方式分类的消费者的数据，如男性还是女性、已婚还是单身、低收入还是高收入。然后，我们将在数据集中创建交叉表[1]，以便我们能够比较那些被我们认定的人群，如收入可怜的已婚男性与收入可观的单身女性。我们乐于从多种角度对数据进行切分，以比较购买率、人们对品牌的态度或任何我们需要探索的东西。

统计学家深谙一个小秘密：如果你在做统计学家们所谓的"钓鱼式盘查"，你坚持不懈地尝试不同的分析，你很可能偶然地得出了"研究结果"，但很难用统计上显著的结论加以论证。如果我们在这些交叉分析中发现了差异，会很高兴，因为现在"知道"属于一个组别的人与另一个组别的人不同，这也许不是一个偶然结果了。

因果与相关

当我们发现这些差异时，一个颇为诱人的结论是描述性变量"导致"了这些差异。但是，统计学家很难认同这个结论，即使关系看起来很"明显"。例如，描述性研究显示，购买更多纸尿裤的人也可能购买更多啤酒。购买纸尿裤会让我们备感压力，以至于促使我们加倍购买啤酒吗？喝啤酒喝得迷醉的人会疯狂地购买纸尿裤来纵情娱乐吗？你也可以反过来猜测，这两种类型的购买很可能是由这些人生活中的其他事情促成的。

---

[1] 交叉表（cross-tabulations）是市场调研行业常用的分析分类变量之间关系的工具。交叉表通常由行和列组成，行与列的交叉部分是单元格（cell）。例如，如果在一项调研中有两类性别个体（男性和女性），还有两类收入水平个体（低收入和高收入），就可以创建一个简单的 2×2 交叉表，在单元格展示低收入女性、高收入女性、低收入男性和高收入男性的频数及百分率分布情况，然后通过皮尔逊的卡方检验、费雪精确检验或巴纳德检验，判断性别和收入之间关系的统计显著性。调研人员由此揭示行变量与列变量之间是相关，还是偶然看起来关联但实质上相互独立，从而更深入地洞察细分市场的特征。——译者注

"相关并不意味着因果",这句人们熟悉的告诫可能让人如鲠在喉。特别是在一个行业雇用"枪手"用相关关系反驳令人信服的发现时,就是这种情况。例如,媒体经常报道大量吸烟和高死亡率之间的关系,尽管我们"知道"这是有道理的,但烟草业几十年来一直在提醒我们,"大量吸烟的人也可能表现出其他生活方式因素,这些因素(至少在理论上)可以导致大量吸烟的人比不吸烟的人更容易突然昏厥",以此反击吸烟与死亡率之间的关系。

平心而论,我们不能把婴儿和洗澡水一起倒掉。即使是在软科学①领域,久经考验的科学方法仍然有许多强大的用途。这种受控的方法对于理解更多不那么依赖研究对象的外部环境的微观层面的营销问题特别有价值,如涉及研究对象生理变化或基本感知过程的问题。

例如,如果我们想了解消费者对包装设计的微小变化的反应,或者我们对产品规格的陈述架构是否会影响消费者准确记住它的可能性,科学方法仍然是我们的必由之路。如果我们想知道一个青少年在明知他的朋友会反对的情况下吸食大麻的可能性,或者一个年轻女性在第一次约会时会点便宜的汉堡还是昂贵的牛排,也许就不是那么回事了。

真实世界是你的营销实验室

如果在我们要了解的社会现象中,顾客的想法、感觉和行为可能会因社交暗示而有所不同(例如,顾客会考虑在相同情况下其他人怎么做),那么我们要非常重视这些社会现象所处的背景情境。现实环境中发生的其他与之关联复杂的事情,正是引导我们思考和行动,影响我们对社会环境的理解的线索。

---

① 软科学是现代自然科学和社会科学交叉发展而逐渐形成的一组具有高度综合性的新兴学科群。它是与电子计算机"软件"的性质和功能相类比而得名的。——译者注

因此，讽刺的是，我们在净化研究环境方面做得越好，则越难模拟研究对象离开实验室后的真实社会环境。这就是为什么在可行的情况下使用多种研究方法对一个问题进行多方位检测是很有价值的。这可能要将受控实验①（即排除干扰要素的实验）与在自然生活环境下对消费者进行的非受控观察（即在现实状态下的观察）两种方法结合在一起，以期不同方法能得出趋同的研究结果。

例如，老牌公司金宝汤的研究人员采取了多种方法来解决一个困扰他们的大问题：年轻人不再像以前的人那样喝那么多汤了。于是研究小组天天泡在千禧一代的文化中。他们不仅对研究对象进行了面对面访谈和焦点小组访谈，还在年轻人的家里和他们一起吃饭，查看他们的食品储藏室，并和他们一起去杂货店购物。

只有经历了这种沉浸式体验过程，该团队才能够找到年轻消费者认为与罐装汤有关的"痛点"。例如，千禧一代受访者告诉他们，这些汤过度"加工"，尝起来味道平淡、没有什么特点，缺乏吸引力。另一个常见的抱怨是这些汤缺乏年轻消费者看重的健康元素，如藜麦和羽衣甘蓝这样的流行谷物和蔬菜。这个受访群体包含了"半荤半素者"，即他们吃一段时间素食，然后在周末和特殊场合吃荤，过一把吃肉的瘾。他们往往关心可持续性、本地采购和公司的营运。

这些研究发现促使金宝汤公司调整经营方式。其中一个明显的变化是把包装从罐装改为袋装，因为根据受访者反映的意见，袋装传递了"成分更新鲜"的信息。[6] 在我与该公司进行的一些其他研究中，我们招募了千禧一代的年轻人，让他们以团队方式在虚拟环境中一起工作，团队之间展开竞争，看哪个团队能提出可以吸引他们这代人的新口味汤品，如图 1-1 所示。这些都是在统计学上可靠但毫无用处的大规模消费态度调研中不会挖掘出来的洞见。

---

① 在实验法研究中，调研人员通过操纵自变量来测试它们对因变量的影响。在受控实验（controlled experiments）中，除自变量之外的所有变量都受到控制或保持不变，因此它们不会影响因变量。——译者注

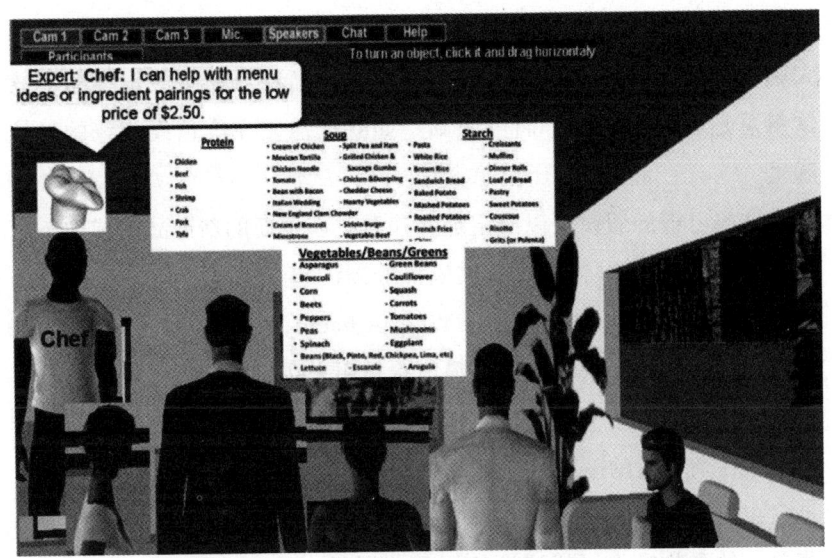

图 1-1 我们为金宝汤公司吸引千禧一代消费者而创建的"虚拟世界"

1.1.4 我们的认知图式影响我们的决策

如果我们孤立地评价一个事物，而不是相对于我们在这个世界上已经遇到的其他类似事物来判断它，那么可能注定会失败。我们的大脑实际上是通过将新信息与我们已知的信息进行比较，然后将其归入某个有条理的类别来处理新信息：各就各位，各得其所。我们赋予某个刺激物的意义取决于我们对事物进行分类的认知模式或者信念体系。这反过来又导致我们把刺激物与过去遇到的其他类似的刺激物进行比较判断。即使这些判断是彻底错的，它们也顽固地留在我们的大脑里。

识别和唤起正确的认知图式对许多营销决策至关重要。这个分类贴标签的过程决定了消费者将使用什么标准来评判产品、包装或信息。因此，如果我们认为某个新产品是一种深色的碳酸饮料，就可能把它与我们过去品尝过的可乐进行比较。如果这种饮料是从一个绿色而不是红色或蓝色的罐子里倒出来的,我们过度劳累的、可怜的大脑可能会一头雾水,摸不着头绪。我们已经习惯于假定柑橘类软饮料总是绿色罐装的,而可乐则一如既往地装在红色或蓝色的易拉罐里。

这些习得的假设可以决定那些违背我们预期的新产品的成败。尽管喷雾罐是一种相当有效的供应抗酸剂的包装方式,但是喷雾罐装的特强美乐事抗酸剂(Maalox Whip Antacid,一种中和胃酸的药物)失败了。对消费者来说,气雾喷射头是用来在甜点上喷佐料的,不是用来喷药物的。一个新的冷冻狗粮品牌也遭遇了类似的命运,消费者不希望在杂货店的冷冻食品区翻找狗粮。[7]

在一项关于标签如何影响我们偏好的研究中,一家大学食堂给菜单上的食物贴上了描述性的标签(例如,"红豆饭"与"传统法式风味红豆饭","巧克力布丁"与"沙丁巧克力布丁"),这样食客可以更容易地对其进行分类。有了这些丰富信息的标签,销售额增加了25%以上。[8]

同样,我们理解世界的方式以及快捷地对人和物进行分类的方式,取决于我们对这个世界运作方式业已形成的基本假设。例如,像产品图片印在包装上的位置这样简单的事情,会影响我们的大脑对产品的理解方式。因为学过万有引力定律(重物下沉、轻物上浮),我们会假定,如果一个产品的图像出现在容器正面的底部,那么它一定比出现在照片上高处的产品更重。

此外,框架右边的物体看起来比框架左边的产品显得更重。这种印象源于我们对杠杆的直觉:我们知道物体离杠杆的支点越远,要举高该物品就越困难。因为我们从左到右阅读,左边自然成为视觉支点,因此我们认为右边的物体更重。制造商应该牢记这些包装原理,因为它们可能影响消费者对包装产品的感觉。例如,一位减肥食品的营销人员可能希望消费者认为其产品比竞品"更轻"。[9]

1.1.5　我们的大脑如何创造图式

我们的大脑并不只是把一条新信息分配到一个类别就结束了。我们建立的认知图式看起来更像蜘蛛网，而不是只有一扇门的笼子（请不必惊慌，它不是字面意思，我们并没有真正在脑子里结网，尽管你在宿醉时可能觉得有）。

我们把认为存在某种关联的各个信息片段联系起来，从而建立起自己的知识结构。这种联系称为节点。实际上，这些知识结构类似于我们所属的社交网络，它使信息能在以某种方式相互联系的多个个体之间传播。在新冠疫情暴发后，你可能更熟悉这种结构，因为病毒也是以这种方式传播的。这就是我们听到那么多关于传染"链条节点"和"载体"讨论的原因，人们会把病毒传染给他们在各种网络中遇到的人。

如果营销人员向我们展示一张关于包装的图片，这个刺激可能直接激活我们对该品牌的记忆。但是，如果这个记忆与你已经形成的其他记忆有关，也可能起到间接激活的作用。就像敲击蜘蛛网一样，网中的其他部分也会摇晃回荡。例如，假设一个人偶然听到《黑暗里的对话》这首歌的一个片段，她可能会开始哼唱这首歌的其余部分，或者因为这首歌是她结婚时的婚礼歌曲，她的脑海中也许会突然浮现出她穿着新娘礼服的情景，然后她发现自己沉浸在相关的记忆里。例如，她想起了婚礼蛋糕的味道，甚至是她富有的叔叔怎么好意思送了一份微不足道的薄礼。

我们以不同的方式存储我们对品牌的记忆。例如，一个十多岁的男孩在推着购物车经过个人护理品货架时，可能看到斧牌（Axe）除臭剂，这会激发他想起他看过的该产品的广告，或者回忆起他最近一次使用该产品准备去参加一个热辣的约会。以下是我们记住品牌信息的一些方式：

（1）与特定品牌相关的记忆，是以该品牌宣称的主张来存储的（"它充满阳刚气概"）。

（2）与特定广告相关的记忆，是以广告本身的媒介或内容来存储的（一个看起来很有男子气概的人使用这个产品）。

（3）与品牌身份相关的记忆，是以品牌名称的形式存储的（如"斧牌"）。

（4）与产品类型相关的记忆，是以产品的工作方式或使用场景来存储的（一瓶斧牌产品放在一个男人的医药箱里）。

（5）与评价性反应相关的记忆，是以积极或消极的情感存储的（"这看起来很酷"）。[10]

这种精心设计的存储过程对我们有什么好处？我们的大脑喜欢将事物归类的原因之一是这样做简单高效。当我们很难决定一件事是好还是坏时，回答"与什么相比"的问题将让判断变得相对简单。每个行业都创造了自己的命名方法和分类类别，以便买家和卖家都能快速识别出相关的竞争对手。这种标签化的过程也有利于判断一个类别中的哪些新入行者优于其他同行。

这种归类对你的品牌的命运绝对是至关重要的，因为人们评价品牌的方式在很大程度上取决于它被分配到的类别中的其他品牌。最成功的次中量级拳击手如果与超中量级、轻重量级等更重类别的选手交战，可能就不那么成功了。

同样地，服饰领域的品牌，如法国服装品牌 Maje、瑞士腕表品牌积家（Jaeger）和英国服装品牌 Ted Baker 被归类为桥梁派服装系列。Ted Baker 的管理者可能很乐意与其他类似的品牌竞争，但如果被归入奢侈品牌类并与爱马仕、香奈儿和普拉达这样的品牌进行比较，突然要他在"超出自己重量级的比赛"中挥拳竞争，他就不太高兴了。

被消费者分到哪个类别，这个问题对品牌有巨大的战略影响。理想情况下，你想选择被归到一个你能主宰的类别。例如，如果你推出了一款新的篮球鞋，却立即被拿去与耐克这样的重量级品牌相提并论，你就失去了这个选择。

这也是创造一个新的或混合的品类可以成为一个很好的解决方案的另一个原因。你必须制定规则。决定性属性是指买家用来选择某个品牌而不是同类别中其他品牌的标准。如果你可以介绍自己的品牌，那么尽可能引导消费者在你擅长的属性上，而不是在你的竞争对手擅长的属性上评判你的品牌。我最喜欢的一个例子是百事公司在20世纪90年代策划的一次行动。当时该公司突然在其苏打水易拉罐上印上了"保鲜日期"。尽管消费者会在苏打水变味之前就喝完了绝大多数的饮料，但至少在一段时间内，百事公司把一个无关紧要的性质变成了一个决定性的属性。[11]

1.1.6 我与他人

人类划分的最基础和最强有力的界线是区分我（或我们）与他人。我们的历史本质上是本族与外族的故事。我们似乎被"设定"为偏爱那些与我们有相同身份的人，即使有时这种身份标识是肤浅且毫无意义的。

这种区分自己人和他人的冲动是如此普遍，以至于我们几乎会抓住任何机会来这样做。即使是完全随机的分群，一个人与某些人被分在一个群体里，这一事实也足以产生强大的群体认同。

社会心理学家在采用"最简群体范式"方法的许多研究中，证明了这种倾向。他们会带着一组相互陌生的人来实验室参加实验，并将他们随意分成几个小组。也许他们会要求一个小组戴上写有"A"的标牌，另一个小组戴上写有"B"的标牌。尽管这样做没有显而易见的理由，但研究人员还是发现，如果你是"A"，就会偏爱其他"A"，而且你会认为你们小组比其他小组"好"。[12]我们怀疑这是人类有如此多战争的原因。

在不确定的时期，如最近全球流行的新冠疫情，区分"我们"和"他们"的必要性变得更为突出。对他人的恐惧被急剧放大了。突然间，落实严格的"社交距离"的需要把每个人对"自我"与"他人"的区分提升到几乎歇斯底里的程度。这并不奇怪，因为几乎任何其他人（甚至是我爱的人）都有可能让我染病。

识别敌友是我们总会遇到的问题，但我们对什么是好人和坏人的定义是不断变化的。有时候，品牌及为其工作的人构成了"他人"。例如，近年来我们看到，包括政治家和其他控制大众媒体和经济资源的人在内，消费者也越来越不信任营销人员。2019年，一项对全球八个主要市场的25 000名受访者的调查结果令人担忧：只有1/3的受访者信任他们购买和使用的大部分品牌。在包括法国和德国在内的一些市场，这一糟糕的数字甚至下降到1/4以下。[13]

但是，在新冠疫情大流行期间发生了一件奇怪的事情，让人看到一线曙光：消费者越来越期待品牌在社会秩序恢复中发挥重要作用。事实上，同一个调研机构在2020年3月进行的另一项全球调查中发现，超过一半的受访者认为，营销人员对大流行病的响应举措比他们的政府更快、更有效！[14]

正如芝加哥前市长拉姆·伊曼纽尔（Rahm Emanuel）所言："永远不要浪费一次严重的危机。我的意思是，这是一次可以做你以前认为做不到的事情的机会。"[15]朋友会变，敌人会变，市场分类的标签也是如此。

1.2 从研究现实世界的变色龙消费者中获取洞察力

为了真正理解今天的顾客，采用自然主义技术往往是明智的。它要求研究人员"与当地人生活在一起"，打破分隔你和顾客的笼子，走出你的办公室，去认识那些热爱你的品牌的人，同时也务必要与不喜欢你的品牌的人保持交流。他们喜欢你的品牌的哪些方面？他们讨厌什么？他们希望你的品牌做何改进？

是的，许多营销研究人员仍旧通过基本的调查研究来追寻"真相"，但是这在我们急躁的社会里变得越来越困难。不妨想想，上一次你愉快地中断晚餐来回答电话调研是什么时候的事情？

1.2.1 预测消费者行为的秘诀

嗯，这实际上不是什么秘密，但值得铭记在心的是：未来行为的最佳预测因素是过去的行为。

从某种程度上讲，如果能够知道我们的客户以前做过什么（最好知道行为的原因），就能更好地猜测下次出现类似情况时他们将会做什么。显然。事实上，这个简单（但深刻）的主张就是追踪人们购买什么以及在哪里购买的整个事件背后的科学逻辑，无论在商店还是在网上都是如此。这在电子商务领域尤为关键，算法会根据我们的历史浏览记录展示新的广告。

但请注意，即使这些知识也不是万能的，我们据此所做的预测永远不会百分百准确。人们有种恶劣的猎奇倾向，如果不用牺牲太多东西就能得到新奇的东西，人们就会渴望得到它。当你对目前使用的品牌非常满意时，尝试一个新的品牌似乎并不理性，但我们却一直在这样做。

即便如此，在预测消费者未来的行为方面，我们尚未有更好的办法来接近目标。那些喜欢在各种品牌中朝三暮四的人，可能更频繁地尝试寻求多样化的购买选择。因此，我们要识别的是那些与我们保持"强关系"的顾客。这就是为什么尽管重度用户数量不可能在所有顾客中占多数，但识别一个品牌的重度用户总是有意义的。

记住著名的"80/20 法则"。这是广为人知的帕累托法则在营销学领域的惯称。这个以经济学家帕累托的名字命名的法则指出，在许多情况下，大部分成效来自小部分成因。

因此，在我们的世界里，这意味着你 80% 的收入将来自你 20% 的顾客。虽然这个比例不是一成不变的，但令人惊讶的是，它经常接近现实。这有力地提醒了你重度用户的重要性。他们很关键，因为他们可以成为你最强大的销售力量。后续内容会有更多关于这个问题的探讨。

消费者人设的重要性

我们如何理解重度用户？现在在品牌常见的做法是创建一个虚构的"核心顾客"画像，用它激发产品设计和激励沟通决策。营销人员将这些用户画像称为消费者人设（或有时称为品牌代表），如图 1-2 所示。从本质上讲，你根据市场调研和现有顾客的真实数据，为你的理想顾客编写了一个"故事"。[16] 这个人物形象有助于你与你希望接触到的那类顾客建立起联系，为你提供了一个更具体的理解客户的方式。

例如，潮流服饰公司露露柠檬（Lululemon）的创建者奇普·威尔逊（Chip Wilson）编造了一个"缪斯"：一位 32 岁的单身职业女性，名叫 Ocean，年薪 10 万美元。他把 Ocean 描述为"已订婚，有自己的公寓，正在旅行，很时尚，每天锻炼一个半小时"。威尔逊认为，这个理想用户对所有女性都有吸引力。"如果你现在 20 岁或者你即将从大学毕业，你会迫不及待地想成为那个女人。如果你已经 42 岁，有了几个孩子，你也会希望自己能回到那段时光"。

	拜伦
（头像）	**偏爱的沟通方式** 社交媒体
年龄 25～34 岁	**工作所需工具** · 内容管理系统 · 商务智能仪表盘 · 电子邮件 · 项目管理
最高学历 本科	
社交网络 （图标）	**工作职责** 内容创作、增长访问流量
	工作衡量方式 团队生产效率、销售收入
行业 科技	**汇报上级** 首席营销官
企业规模 雇员数量 501～1000 人	**工作目标** · 最大化销售收入 · 尽可能向上级证明他的价值

图 1-2　营销经理的假想人设

资料来源：经 Hubspot.com 许可转载。

露露柠檬公司在进入男装领域时增加了一位男性"缪斯"：35 岁的杜克是一个"运动机会主义者"，夏天玩冲浪，冬天玩滑雪板。当威尔逊参与创建一家新公司 Kit and Ace 时，他帮这家公司又想出了两个新的"缪斯"：一位名叫 Kit 的 29 岁单身女士，从事平面设计或时尚工作，周末喜欢骑自行车；另一位叫 Ace 的 32 岁男士，爱喝浓咖啡，喜欢和朋友一起逛精酿啤酒厂，①时而去健身房锻炼，[17] 听起来像你认识的某人（提示：他肯定不是本书作者）。

---

① 美国有数千家独立酿酒厂，年轻人群体掀起一股逛酒厂的风潮，这里不仅是绝佳的约会地点，还是参观体验、酝酿情绪，显示其不凡生活品位的最佳场所。——译者注

第 1 章　营销分类的演变　037

值得注意的是，为你的品牌打造消费者人设通常非常有用，但要对你的假设非常谨慎。品牌经理倾向于设想他们想拥有的顾客，但这些顾客不一定是品牌实际服务的顾客。包括我的研究在内的调研结果表明，营销专家在预测公众消费行为方面是出了名的不靠谱的。[18]

此外，不要被困在你为用户人设建立的笼子里！正如我们已经看到的，变色龙消费者会有多种身份，有时在一天之内就会变化好几遍。这就是为什么你至少要认识到，你建立的人设有可能是几个角色，在不同的场合出现不同的人设版本。你为了解工业设备的主要消费者而煞费苦心建立的人设，可能与她下班后去娱乐场所的人设不同。

1.2.2　自然主义研究方法让营销组合锦上添花

我们正在见证像民族志法这类定性研究方法的重生，这些方法鼓励分析人员置身于顾客自然的生存环境中观察他们。换句话说，观察消费者如何在他们的日常生活中实际使用产品。一个品牌如果想深入了解是什么驱动少女们的选择，最好是派年轻女员工去参加一个真实的睡衣派对，让她们八卦她们的幻想、挫折和最喜欢的磨砂膏，而不是把这些女孩子带到实验室。

要在有鱼的地方钓鱼。

尽管我们在自然环境中收集到的信息大多是静态的，但也得到了在更有秩序的研究环境中很难得到的丰富信息。正如我们已经看到的，控制性实验的目标就是检验特定变量的作用，通过尽可能地控制环境，呈现出我们感兴趣的特定因素（自变量）被操纵后的影响。

顾客体验旅程图

多变的顾客是许多企业接受描绘顾客体验旅程图这个主意的原因之一。通过一个绘图项目，你可以非常精确地追踪你的顾客与你的产品、店铺或服务互动时的实际体验。一个重要的目标是找出顾客在互动过程中遇到的"痛点"，从而减少顾客体验中不愉快的经历。这个过程包括以下几个基本步骤：

（1）识别你的消费者人设。

（2）确定目标。

（3）绘制出消费者与企业打交道的接触点。

（4）找出痛点。

（5）确定问题的轻重缓急，并解决顾客体验旅程中的路障。

（6）亲测顾客的体验旅程。

（7）更新和改进。

衡量顾客体验的方法很多，如确定KPI（关键绩效指标），设计顾客满意度测量指标，或者直接采用业内广泛使用的NPS（净推荐值）。重要的是要测量，而且要经常测量。

但最重要的一步也许是第6步：自己亲历一趟顾客体验旅程。管理者们总是坐在他们豪华的办公室里，想象着他们的顾客会有什么样的体验，而不是像日本人所说的去"现场"（Gemba，意指事件发生的确切场所）。

只有站在他们的角度去经历一次，才能真正体会到问题所在。例如，在一个项目中，一家在大型机场运营餐饮特许经营的公司将其高管人员派到这些店面去就餐。在亲自购买过程中，他们才偶然发现了一个许多人都会遇到的问题：当你独自一人带着行李旅行时，为了买饭而不得不离开你的行李会令人紧张，当你的视线无法穿过房间看到对面的行李时就更有压力了。该公司因此重新构建了店面的格局，使顾客可以从收银台毫无障碍地看到所有的桌子。现在如果他们能对食物做点什么……就好了。

1.3　理解新消费者并对他们开展营销

消费者身份的多变性实际上并不是新鲜事。道格拉斯·柯普兰（Douglas Coupland）在1991年出版的畅销书《X世代》（这就是X世代这个词的由来）中写道："我不是一个细分市场。"[19] 人们多年来一直在尝试不同的个性，因为他们努力冲出自己的小笼子。我们早已不再是20世纪50年代那个单调、顺从听话的"组织人"。

欢迎来到后现代消费者疯狂、古怪的世界。今天，消费者的购买选择比过去要多得多，也复杂得多，因为似乎有无穷的选择在诱惑我们花费时间和金钱。这是孕育变色龙消费者的一片沃土。

事实上，可以说现代生活的最大挑战之一不是没有足够的选择，恰恰相反，而是选择太多了。消费者研究人员将这个问题称为"过度选择"。[20] 想买一支新色号的口红吗？有几百款选择供你考虑。要一条新领带？情况一样的。在20世纪90年代，杂货店一般销售7 000种商品。今天的杂货店则通常销售超过40 000种商品。[21]

我们的工作并没有变得更轻松，因为企业提供的产品功能越来越多，超出我们的负荷。我们要用的遥控器有多达50个按钮，数码相机拥有数百种神秘功能和像书本一样厚的使用手册，汽车的仪表盘系统复杂得跟航天飞机一样。专家们把产品复杂性螺旋式增加的情况称为功能特征蠕变（feature creep）。飞利浦电子公司发现，消费者的退货中至少有一半产品没有任何问题，消费者只是无法理解如何使用它们！更糟糕的是，消费者平均只花了20分钟学习如何使用该产品，然后就放弃了。

选择比比皆是，但是也带来一个重要的悖论：当消费者获得更多的选择时，他们实际上做出了更差的选择！

雪上加霜的是，有研究证据表明，随着选择数量的增加，消费者做出购买决定的可能性变小。从本质上讲，过多的选择让消费者不堪重负，落荒而逃，以避免不得不在一堆选择中艰难地做出决定。这就是为什么营销人员要理解自己作为信息编辑人或调度人角色的重要性，帮助消费者把选择缩减到一个可管理的数量水平是非常关键的。我们将在后文更好地了解这点。

1.3.1　新型消费者属于微细分市场

尽管消费者会遇到大量品牌，但直到最近我们还没有发现不同人群之间存在巨大的消费差异，尤其是当我们排除收入对消费的影响时，差异就更不明显了。消费"部落"起起落落，它们可能影响了大片的人群。例如，20世纪60年代的花季少年们同样经历过他们的叛逆青春，但因为当时大多数人都在关注大唱片公司和杂志，所以每个人在着装上表达的叛逆看起来都差不多。例如，似乎当年每个青少年都有扎染牛仔裤。

时间快进到当下，我们真正生活在一个市场碎片化的时代。正如电视频道的观看选项已经扩展到数千个频道一样，当时单一的市场也已经分解为无数个微细分市场。例如，2009—2015年，欧盟建立的电视频道总数从3 615个增长到5 370个，增长了49%。[22]

后现代消费者轻率地从一个微细分市场游荡到另一个微细分市场。我们可以指望新消费者变色龙唯一不变的是，他们将在十年、一年甚至一天的时间里变成许多细分市场的颜色。

要了解市场分裂的程度，只需访问任何一个有一定规模的杂志摊，数一数数量惊人的出版物，我们就得以窥见从游艇到写代码，再到举重训练等种种鲜为人知的生活方式。漫步在一个典型购物中心的美食中心，你可以从令人眼花缭乱的民族食品中挑选中国、意大利、美国、日本、泰国和墨西哥的美食，或者把它们都放在同一个盘子里。

显然，长期以来的"均码一刀切"或"三大电视网满足所有观众"的模式必须终结了。至少有几位消费者行为研究者早就提倡用更灵活的方法来理解我们的品牌选择。这些"解释主义者"喜欢把水搅浑，而不是澄清。他们强调象征性、主观性体验的重要性，主张"意义自在人心"。

从解释主义视角来看，我们每个人都根据自己独特和共同的文化经验来构建自己的信仰，所以没有客观上正确或错误的答案。没有极端的黑与白，只有灰色的阴影。"情人眼里出西施""一个人的佳肴可能是另一个人的毒药""这就是为什么他们生产了巧克力和香草"。

这种主观的思维方式是后现代主义的标志之一。

值得表扬的是，亚马逊的系统确实允许顾客给商品贴上对他们有意义的标签，创建他们自己的大众分类法。亚马逊授权其用户使用自己的标签对平台上销售的产品进行梳理和分类。这些标签完全由用户生成，因此用户可以搜索自己的标签和其他人的标签。所以，我们可以在"科幻和奇幻"类目下找到乔治·马丁的著作《权力的游戏》，但我们也可以用过去的读者在他们的评论中包含的单词和短语搜索到这部作品，如"强烈推荐""HBO系列""冰与火"。

为什么营销人员不想与其顾客使用相同的知识结构？因为许多社交媒体平台允许用户根据他们自己的分类法，对他们看过或发布的内容设置多个标签，所以，识别顾客的知识结构比以往任何时候都要容易。例如，超过3.2亿的拼趣网（Pinterest）用户热衷于将图片发布到各种各样（据统计超过2 000亿）的兴趣看板上。[23]

庞大的数据就在那里等待着有进取心的营销人员去采集。这些营销人员知道了解人们对图片的处理行为甚至比他们口头上是否"喜欢"它们更重要。例如，用关键词"精致"进行快速搜索，就会出现一系列的品牌和名人，包括维多利亚·贝克汉姆（Victoria Beckham）、珠宝品牌宝格丽（Bvlgari）、时尚女装琼斯·纽约（Jones

New York)、艾玛·沃特森（Emma Watson），但也有一些按大众分类规则表述的描述词，如街头风、豪华风，甚至浴室设计等。

　　在更小的层面上讲，你几乎可以挖掘人们发布的任何文本，以便了解他们是如何描述一个品牌或其他概念的。标签云是对单词使用频率的一种可视化方式。通过识别顾客使用的表达要素以及这些表述的重叠程度来解析内容（无论文字内容还是视觉内容），都非常容易和有用。图 1-3 是一个简单的标签云示例，它绘制的就是我们上面两个自然段的内容。

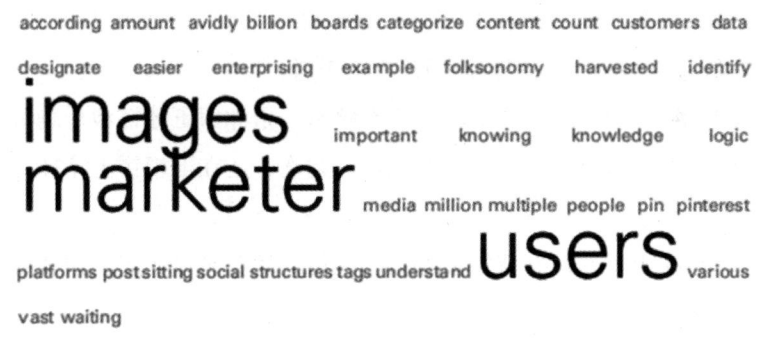

according amount avidly billion boards categorize content count customers data designate easier enterprising example folksonomy harvested identify **images** important knowing knowledge logic **marketer** media million multiple people pin pinterest platforms post sitting social structures tags understand **users** various vast waiting

图 1-3　标签云示例

资料来源：由 www.tagcrowd.com 生成。

1.3.2　新型消费者通过横向关联而不是纵向比较决定购买

　　从后现代消费者的观点看，我们的世界是一个大杂烩，或者说是图像和思想的混合。[24] 当我们的消费选择在质问我们的边界并迫使我们冒险走出小笼子时，它们最有价值。把这个过程想象成一个音乐播放列表，也许有助于理解这一点。一家唱片公司按特定音乐类型，如嘻哈、乡村和古典音乐来考虑播放列表，因为这是行业群体和出版物计算购买和下载的方式，它不得不这么做。

但是，听众并不总是从这些方面考虑。他们为自己生活中的不同场合建立不同的播放列表。他们的 MP3 文件标签可能是这样的："新冠疫情期间在家锻炼""我们在大学的恋爱日子""做家务"。每个播放列表都可能包含来自多个产业分类的音乐，从蕾哈娜（Rihanna）到披头士（Beatles），再到泰勒·斯威夫特（Taylor Swift）等。

当我们看到世界各地的消费者如何把外国产品与本土用法结合起来时，这些杂糅的过程可以让我们很生动地体会后现代主义的影响。

（1）印度流行音乐（Indipop），顾名思义，就是将印度传统音乐和摇滚、饶舌说唱及雷鬼音乐（reggae）融合在一起。[25]

（2）巴布亚新几内亚的土著，敲打着用芝华士包装纸装饰的鼓，并用派通笔（Pentel）代替他们传统的鼻骨。[26]

（3）年轻的西班牙裔美国人听着嘻哈音乐和西班牙摇滚乐蹦蹦跳跳，将墨西哥米饭与意大利面酱混在一起吃，还在玉米饼上涂抹花生酱和果冻。[27]

（4）在土耳其，有些城市妇女用她们的烤箱来烘衣服，用洗碗机冲洗沾满泥土的菠菜。

（5）当一位埃塞俄比亚公主嫁给祖鲁国王，部落成员在婚庆乐队演奏《音乐之声》时，用一台立体观视镜观看动画片《布鲁托想成为一只马戏团的狗》。[28]

在今天这个"有趣的时代"，科技和社会变革让更多人释放出来，成为文化上的变色龙。社会和媒体的碎片化使消费者可以看到自我的多种可能性，设想可能的身份，而这在几十年前是无法想象的。[29] 后现代社会将各种类别混合在一起来批驳现代主义的原则，让我们能够尝试新的选择。它拆除了我们一直试图用来将后现代顾客塞进现代主义囚牢的笼子。

1.4　创造打破传统类别的新产品

"你从事什么行业,真的吗?"不要用你生产什么产品来回答这个看似浅显的问题,而是要理解人们消费的用意。如果你经营一个舞蹈团,你的竞争对手除了其他舞蹈团,还可能是博物馆、烹饪班,甚至是酒吧。记住,一家公司制造枕头,但消费者消费的是睡眠。

考虑一条通往成功的不寻常路,虽然有点非正统,但往往相当有效:看你能否在你的垂直领域绘制出一张常规类目分类路径图,然后扰乱这些分类。这一战略在优步(Uber)与出租车行业、奈飞(Netflix)与视频租赁行业、亚马逊(Amazon)与传统出版行业的对弈中都很有效。

当然,如果你的产品不同于常规产品,以至于客户难以理解你的创新,不按规则行事有时候会反过来伤害你。例如,一款男士脱毛产品的潜在消费者因为把该产品与女士脱毛产品关联起来,尽管该产品比平常用的剃须方法更有效,他们还是无法接受它,从而使该产品很快遭遇了灭顶之灾。

不过,如果你能创造一种新的品类或者将两种现有品类有效融合为一种,还是有许多好机会。克莱斯勒(Chrysler)的设计师将旅行车和轿车的功能结合起来时,就做到了这一点;该公司在20世纪90年代创造出新的运动型多用途汽车(SUV)品类时,又一次践行了这一点。施华洛世奇(Swarovski)通过创造集可穿戴计算机与时尚珠宝于一体,用于监测佩戴者心率的配饰,也做到了这一点。还有服装行业中爆炸性增长的运动休闲系列(athleisure,即运动服和休闲服的混合体)也非常成功,以至于韦氏词典将该词收录其中。

或者,你可以将时尚产品与功能性产品融合起来。我们在新冠疫情大流行期间看到这也是一条成功的创新之路,如古驰(Gucci)和芬迪(Fendi)的设计师开始为要遵循社交距离的时髦人士生产高端面罩。[30]

我过去在一家大型纺织公司担任顾问，这段经历让我开始领悟打破笼子意味着什么。当时我与正在开发"智能服装"的工程师共事，我发现他们讲到连裤袜时想到的不是丝滑的腿，而是把连裤袜看成一个"输送系统"，他们可以借此将维生素、药物甚至咖啡因（可避免皮肤产生橘皮组织）等多种物质直接作用于着装者的身体上。通过添加微胶囊，在妇女活动时释放少量的这些物质，他们重新定义了丝袜的功能（当然，在传导这些添加剂时，产品外观仍然必须看起来不错）。

管理者喜欢老生常谈"跳出盒子，解放思想"这类套话（也许会让员工暗暗叫苦），但当论及顾客洞察力，仅仅这样做也许还不够。不是仅仅跳出盒子思考，而是要把整个盒子扔掉。

1.4.1　市场细分仍有价值，但日渐式微

是的，市场细分在今天仍有价值，而且仍被广泛采用。然而，在后现代的当下，有两个关键问题使市场细分的价值不如以前。

战略制定者非此即彼的思维与消费者脱节

营销战略大体上是在区分"此"与"彼"：是男性还是女性，是内向还是外向，是轻度用户还是重度用户，是黑人还是白人……有时我们会遇到两个以上的选项，如年龄组可以分成 Z 世代、千禧一代、X 世代等。即使如此，我们还是喜欢把整个世界划分为几个可管控的类别。

然而，这些非此即彼的分组方式没有留下任何灰色的空间（更不用说 50 个色度了），因此，如果某人出生于 2000 年，我们可能将其归为"千禧一代"，而她的室友生于 2001 年，就将被称为"Z 世代"。难道我们真预期这两个人之间有很大的区别吗？

正如我们在本书中所看到的,这些方便但相当武断的分组方式根本无法准确表达我们所有人(甚至是营销战略制定者)定义自己的细微方式。

科技进步很大程度上消除了划分大规模同质市场区间的必要性

效率是传统市场细分战略的核心。其理念是识别出我们可以用相同方式接触到的一定规模的顾客群体,这样就不需要为每个人开发单独的、定制的信息或产品,从而获得规模经济的优势。

当我们只有几个电视网络且大多数人阅读相同的大众杂志时,这种方法是很有意义的。事实上,这就是广播的意义所在。但今天,我们生活在一个为某一特定群体小范围播送的世界。尽管在15年或20年前"狭播"的想法可能不可理喻,但事实是,营销人员现在持有的工具真的可以像字面描述的那样,仅面向单个顾客开展营销工作。你有可能在网上追踪顾客的一举一动,并相应地提高传播信息的针对性。

1.4.2 个人市场

我们为"个人市场"服务的能力日渐精湛。现在,大数据应用的爆炸性发展甚至能让最先进的组织在你意识到想要的信息前,就给你发送信息。它们在你的网络浏览器中植入的那些无处不在的"小型文本文件"(cookies)使之能够追踪你的所有网上行为,这种追查能力在手机上也存在。而我们新的"守护天使"Siri(苹果智能语音助手)、Alexa(亚马逊智能语音助手)等,则帮助它们游荡在我们的厨房、客厅甚至我们的卧室之上,时刻保持对我们的关注。

尽管在道德上充满了问题,这些技术进步一直在优化,人工智能每天都在变得更加智能。电子商务巨头亚马逊酝酿推出"预计发货"

功能，根据你过去的订单预测你的新订单（再强调一次，过去的行为是未来行为的最佳预测依据），并将这些物品提前送到你当地的货仓，妥善存放，直到你意识到亚马逊早已洞察一切，然后你提交了订单。[31]

我那些教商业智能课程的同事喜欢引用一个经典的故事——零售连锁店塔吉特（Target）意外"暴露"了一位怀孕少女。早在2012年，塔吉特的一位分析师意识到孕妇往往会陆续订购一组商品，如无香味乳液，补钙、补锌、补镁的营养剂以及超大袋的棉球等，这些商品只有在其怀孕期间才会出现在她们的购物篮里。于是他给顾客分派了一个"怀孕预测分值"，使塔吉特公司能够推算出一个妇女可能的预产期，然后向她发送她可能渴望得到的物品的优惠券。据称，一位怒气冲冲的父亲向塔吉特公司的经理投诉，因为该店居然向他十几岁的单纯的女儿发送孕妇产品优惠券。他后来不得不道歉，因为事实证明，你猜对了，他的小天使确实怀孕了。[32] 这一事件发生在大约十年前，那么想象一下今天的数据分析师能做什么吧！

独一无二的产品

我们可以为每个人量身定制的不仅仅是营销信息。大规模定制化和3D打印技术的进步正在彻底改变我们为每个人制造独一无二产品的能力。

李维斯公司（Levi Strauss）是大规模定制的先驱。该公司的研究人员发现，全世界80%的女性属于三种不同的体型，所以从生理上来说，不可能提供一种适合所有女性的产品。李维斯公司曲线标识项目运用互动式定制体验，让顾客知道她应该购买S形曲线展现纤秀身材、D形曲线展现完美比例、B形曲线尽显凹凸紧致的牛仔裤。[33] 阿迪达斯（Adidas）推出了第一款大规模生产的3D打印鞋Futurecraft 4D，可以根据顾客的脚型定制尺寸。也许传统的鞋码将成为历史了。[34]

使用客户关系管理系统

我最喜欢给学生（也包括管理者）的一条忠告是：获取一位新顾客比保留一位老顾客昂贵得多。

你应该从顾客终身价值的角度考虑，而不是从独立的交易来考虑。要在售后跟进，继续努力追求你的顾客。不管他们今天有多喜欢你，外面还有许多潜在追求者正等着你放弃。帮助你盯紧日常业务的客户关系管理（CRM）数据库和策略，是持续实现顾客终身价值的关键。

现在"个人市场"已经成为许多营销人员采用 CRM 系统时遵循的流程的核心。这使他们能够系统地跟踪消费者的偏好和行为，以便尽可能地根据每个人的独特愿望和需求来调整价值主张。CRM 系统可以让企业与顾客一对一交流，并根据每个顾客的反应来调整其营销方案的要素。这个过程有一系列的步骤：[35]

（1）识别顾客，并尽可能详细地了解他们。

（2）从顾客的需求和他们对公司的价值两方面来区分这些顾客。

（3）与顾客互动，找到提高成本效率和互动效果的方法。

（4）针对每位顾客的情况，对提供给该顾客的商品或服务的某些方面进行定制。这意味着，企业根据在前期互动中对顾客的了解，以不同的方式对待每个顾客。

本章启示

- 营销管理者往往自以为"了解"他们的顾客，但他们通常考虑想拥有的顾客，而不是现有的顾客。
- 我们用来定义所从事行业的标签来源于文化范畴中的类别划分，但这些分类方法与我们业务的相关性可能大不如前。

- 重新审视你赖以组织业务的知识结构。你的顾客不一定使用你的行业术语。像拼趣网这样的标签网站，让用户可以灵活地使用自己的标签。通过深入研究标签网站，可以摸索出你的顾客如何诠释你的产品的意义。
- 久经考验的消费者洞察方法需要与其他技术相补充，这些技术可以更生动地描绘出消费者的生活体验。
- 在碎片化的文化中，从个人市场而非同质的细分市场的角度来理解顾客往往更有意义。
- 如果你只在熟悉的垂直领域内寻找新的产品机会，就会错过在现有垂直领域之间有待挖掘的其他选择。
- 获取一位新顾客比保留一位老顾客要昂贵得多。

第 2 章

不愿被人口统计标签定义的消费者

营销人员用来描述消费者的许多区分方法和标签已丧失它们原有的作用。在本章中，我们将探讨几个最基础和应用最广的标签，并解释为什么它们对研究变色龙消费者无效。

就像其他分类方案一样，市场细分是为了把某些人留在类别里面，把另一些人拒之门外。这个观点源于一种真知灼见，即我们很难销售一种放之四海都让顾客满意的产品或服务。这种一刀切的方法在亨利·福特刚开始生产汽车的时候，可能足以解决问题。亨特曾调侃消费者"要么听我的，要么走人"，消费者别无选择。

但是，一旦企业普遍可以使用基础性平台，只要竞争者能找出与市场主导者的差异点，就会取得成功。他们赌的是，因为掌握了某种专有的能力，可以吸引市场上特定的人群，他们可以达到或者有望超越现有的产品。我们把这种成功的途径称为独特专长。

通用汽车公司意识到一些驾驶者愿意为升级版的产品支付溢价：这些更富裕的驾驶者希望拥有的不仅是一辆交通工具，同时还是一辆能标榜身份的车，以确保让其他人知道他们坐拥比常人更多的可消费资源，而且这种想法人畜无害。此时，通用汽车公司选择的就是开发独特专长这条道路。事实上，在许多产品类别中，消费者购买的一个主要动机是其他人买不起。这是奢侈品营销的底层逻辑之一。

因此，在现代营销的"青春期"，营销者集中在提供差异化这一点上。收入水平顺理成章地成为营销者区分人群的首要考虑要素。当然，还有其他维度可以用于彰显我们与某些人类似，与其他人迥然不同。事实上，同类相吸、异类相斥的双重驱动力是许多物种（包括人类）最基本的特征之一。一群羚羊通过与狮子等捕食者保持距离而生存。我们这些两条腿的生物可能会不遗余力地确保，只有合适的人，才有资格进入我们专属的乡村俱乐部。

　　随着20世纪生产效率的提高，制造商们越来越容易挖掘出诸如种族和性别等新的差异点。大量的非裔美国人喜欢薄荷香烟，这主要是因为烟草业在20世纪60年代针对这些消费者的广告信息把薄荷香烟精心塑造成年轻且时尚的产品。[1] 美国一些枪支制造商甚至为妇女提供粉红色的手枪。[2]

2.1　常规的人口统计细分市场法还重要吗

　　当营销人员想把顾客方便地归入不同的笼子时，简单的人口统计学类别对营销人员来说是最信手拈来的分类方法。

　　可以肯定的是，这些细分类别可能非常有用。例如，婴儿潮一代对肉毒杆菌手术业务来说是颇具吸引力的潜在客户，或者住在佛罗里达州的女性比住在纽约的女性更不可能购买毛皮大衣，这些假定都非常有见地。但是，当这些分类方法的适用性已经过时，而营销人员却顽固地坚持应用它们时，危险就会接踵而至。它们会变成刻板印象，甚至当我们面对我们怀疑是"假新闻"的与之相矛盾的铁证时，它们仍根深蒂固地占据我们的认知。

　　我们的变色龙消费者热衷于抹去这些老式标签。他们认为，现在人类的"60岁相当于新的40岁"。他们，或者他们认识的其他人，不一定觉得必须把人分为男性或女性。他们可能会为自己家谱中包含多个种族而感到自豪。他们可能是迁居的纽约客，即使他们现在住在怀俄明州的农村甚至英国中部地区，却仍然喜欢吹嘘他们过往在纽约市布鲁克林区的生活。

虽然年龄、种族等人口统计学类别反映了营销人员所看到的顾客特征,但是个人消费者正在逐渐摆脱这些条条框框来认识自己。这并不是说标签不重要,也不是说它们将永远消失。事实上,它们不会消失。如第 1 章所述,给别人贴标签是人类大脑喜欢做的事。

但是,营销人员认识到他们所使用的粗放型的分类(也许只是因为他们一贯使用这些分类)可能不再有意义,这点是非常重要的。如果营销人员能了解顾客最近使用的较新的分类方法,并认识到即使是这些类别,在不久的将来也可能会变化,就更好了。如我们所见,人口统计学的细分方法要求营销人员确认一个合理的大群体,这个人群可以被可靠地纳入一个可观察的类别,如年龄、种族、宗教、收入、教育水平、地理或性别等久经考验的划分维度。

但这些熟悉的标签在今天用起来并不那么顺手。一个不断变化的社会不断地重新定义这些基本类别,以致我们与人口统计学家想把我们方便地放进去的小笼子都格格不入。我们一起看看几个使用最广泛的人口变量分类方案,理解为什么这些区分方法在我们的后现代世界中变得越来越不重要。

2.2　有产阶层还是无产阶层

社会学家根据人们相对的社会和经济资源来描述社会分化。营销人员在细分顾客时借用了这些分界线。其中一些划分方式涉及政治权力,另一些则纯粹地围绕经济要素来划分。

19 世纪的经济理论家卡尔·马克思(Karl Marx)认为,一个人与生产资料的关系决定了他在一个社会中的地位。有产阶级控制着资源,他们利用他人的劳动来维护自己的特权地位。无产阶级依靠自己的劳动生存，所以，无产阶级将从制度变革中获得最大利益。德国社会学家马克斯·韦伯（Max Weber）指出，人们的排名不是从单个维度出发形成的。有些排名涉及声望或"社会荣誉"（他称之为地位群体），有些排名以权力（或政党）为中心，有些排名则围绕着财富和财产（阶级）进行。[3]

无论按"能干和聪明程度"行赏，还是根据与领导者的关系，一个社会群体中的分配很少是平等的。大多数群体都呈现出一定的结构，或者说地位等级，其中某些成员比其他成员更有优势。他们可能拥有更高的权威或权力，或者从其他成员那里收获更多的喜欢或尊重。那些幸运的人很可能会采取一种被哲学家称为"他者化"（othering）的行动，把排名得分不如人的人归为"他者"。[4]

更重要的是，"竹门对竹门，木门对木门"，我们倾向于跟自己社会阶层相似的人结亲，这种倾向被社会学家称为同类婚配（homogamy）或选型交配（assortative mating）。90%以上的高中就辍学的人与同样辍学或只有高中文凭的人结婚。另外，在受教育程度最高的美国人中，只有不到1%的人的配偶没有完成高中学业。[5]

事实上，有些人的排名几乎在各种情况下都比其他人高，即使他们只是拥有更多的推特粉丝数。社会分工模式的演变使某些成员凭借他们在群体中相对的地位、权力或控制权，获得比其他人更多的资源。[6]社会分层过程是指我们根据成员在群体中的相对排名，不平等地分配资源，所产生的人为割裂。[7]

2.2.1 瞄准有产阶层的奢侈品营销

奢侈品营销在很大程度上是围绕独占性展开的。如果人人都有，就不是奢侈品了。汽车保险杠上一句常见的招贴广告标语——"谁死后拥有最多玩具，谁就赢了"，概括了人们对积累这些成就勋章的渴望。

许多营销人员试图将富裕的高消费阶层当作目标顾客。这是有道理的,因为这些消费者显然有更多可支配资源,可以花在利润率较高的昂贵产品上。而且,我们目前的经济体系倾向于促进财富在相对较少的人中积累:世界上最富有的 80 人坐拥 1.9 万亿美元的财富,相当于处于世界收入底层的 35 亿人的财产之和。全世界最富裕的 1% 的人控制着全球一半以上的财富。[8]

因此,即使在经济困难时期,我们还是会看到那些只有富人才能负担得起的高端产品和服务。例如,如果你在伦敦上学,而且碰巧手头上有"几英镑"可花,就可以加入一项名为"奢侈学生"的订阅服务。这项为富裕学生设计的服务项目旨在"为那些追求生活中更美好事物的人提供真正独特的服务"。会员可以获得 VIP 学生体验,包括免费的浓遇(Nespresso)咖啡机、博客照片拍摄服务、惊喜的奢侈品礼物,以及享用精英会旅游公司(Quintessentially Travel)提供的"豪华生活方式管理服务"。[9] 谁说大学一定要靠拉面生活?多么沉闷……

市场继续推出越来越贵的奢侈品和服务,从 12 000 美元的亲子款钻石网球手链套装到 600 美元的牛仔裤、800 美元的理发以及 400 美元一瓶的葡萄酒。尽管似乎人人都有一个可炫耀的设计师品牌手袋(或者至少有一个足以乱真的仿牌手袋),但美国最富有的消费者雇用了 9 000 名私人厨师,光顾整形外科医生,将他们的孩子送去接受每小时收费 400 美元的数学课外辅导。

奢侈品牌是一个传递着关于质量、血统、地位和品位信息的复合平台。它通常包含一套视觉形象,如一个独特的标志、字母徽标、图案和图像。葆蝶家(Bottega Veneta)就是一个很好的例子,它的皮具没有一处显眼的符号或标志,但是懂行的人会通过其独特的编织图案认出它们。[10]

如果我们把像这样的低调奢侈品牌与包上有非常明显重复性标志

图案的路易威登[11]相比，就会发现奢侈品牌采用的地位信号类型是不同的。一般来说，更为富有、对地位要求不高的人倾向使用"安静的信号"，他们可能会对过度的展示感到厌烦。奢侈品牌的营销人员需要了解这些区别，因为他们的客户可能看重，也可能看不上那些带有明显标识和其他显眼线索、标榜炫耀消费的产品。

2.2.2　在有产阶层内的市场细分

我们如何知道顾客重视还是有意回避张扬的消费符号？此时关注另一个我们熟悉的二分法至少是有用的："旧富"与"新贵"。长期持有资产的旧富往往会以不同的方式使用他们的财富。富家世族，如洛克菲勒家族、杜邦家族、福特家族等，主要依靠继承的资金生活。一位评论家称这一群体为"隐藏的阶层"。[12]

在20世纪30年代大萧条之后，有钱的美国家庭对展示他们的财富变得更加谨慎。许多人逃离了豪宅，搬迁到弗吉尼亚州、康涅狄格州和新泽西州隐居。我们现在仍然可以在曼哈顿等地看到这些豪宅，如翻新的范德堡（Vanderbilt）公馆现在是拉夫劳伦（Ralph Lauren）的旗舰店。

单纯的财富并不足以在这些圈子里取得社会地位。你还需要证明家族有投入公共服务和慈善事业的历史，做出这些贡献往往令捐赠者能获得某种永久性的有形标志，如洛克菲勒大学、卡内基大厅和惠特尼博物馆。[13]"旧富"消费者在祖先和血统上，而不是在财富上与众不同。[14]他们的地位很牢靠。从某种意义上说，他们一生都在训练自己成为富人。

与世代传承的旧富相比，现在有许多人属于"工作致富阶层"，包括比尔·盖茨、马克·扎克伯格和理查德·布兰森爵士（Sir Richard Branson）等备受瞩目的亿万富翁。[15]小霍雷肖·阿尔杰（Horatio

Alger）的神话，即一个人靠努力工作和一点运气可以从衣衫褴褛变成富翁，仍然是现代社会中的一股强大信念。这就是为什么一则展示惠普公司两位联合创始人最初工作的车库实景的广告，引起了那么多人的共鸣。

尽管许多人事实上确实白手起家，成为百万富翁，但他们在变得富有并改变了社会地位之后，往往会遇到一个问题（尽管不是人们能想到的最糟糕的问题）。"暴发户"这个标签描述的是最近才获得财富的消费者，他们没有经过多年的培训，还不懂得如何支配财富。

在这些可怜的暴发户中，许多人患有地位焦虑症。他们紧盯文化环境，以确保他们做"正确"的事情，穿"正确"的衣服，在"正确"的地方被看到，选用"正确"的宴会筹办人等。[16] 在某些大城市，一些人在公共场合穿着睡衣，以此来炫耀他们新增的财富。正如一位消费者解释的那样："只有城里人才能买得起这样的衣服。在农村，人们仍然要穿旧的工作服睡觉。"[17]

很明显，在我们这个消费社会中，收入是我们当中许多人"保持得分"的方法。当 Datemycreditscore.com 等约会网站用它来筛选潜在的婚恋对象时，甚至一个人的征信分值有时也会成为一张入场证。

2.2.3 变色龙有产者

如果仔细观察"有产"和"无产"这种基础的二分法，我们不难发现一些反例，这说明这些类别的边界并非牢不可破。

- 1936年爱德华三世① 退位与平民沃利斯·辛普森结婚，最近梅根·马克尔和哈里王子退出王室，从王室成员成为平民。

---

① 1936年12月11日宣布退位的英国国王是爱德华八世。——译者注

- 富裕的消费者，刻意采用让我们联想到囊中羞涩的无产阶层的符号，如撕裂的牛仔裤和卡车司机的帽子。
- 历史上，文身总是与社会弃儿有关。例如，6世纪的日本当权者在罪犯的脸上和手臂上刺青，以便识别他们。这些标记在19世纪的监狱和20世纪的集中营也有同样的作用。摩托车手或日本帮派成员等边缘群体经常使用文身标志来表达群体身份和团结。相比之下，文身在今天是一种以较低的风险彰显自己有冒险精神的表达方式，即便对中产阶层的青少年来说也是如此。文身在全世界都很普遍。根据一项调查，意大利的文身普及程度名列前茅，48%的意大利受访者声称至少有一个文身。[18] 时至今日，文身已经不能视为非主流了，是吧？

以"富人"为目标顾客的企业可能会误以为所有富裕的消费者都一样。尽管我们对富人的刻板印象是夜夜笙歌，但一项研究发现，典型的百万富翁画像是57岁左右自我雇用的男性，家庭收入中位数为13.1万美元，成年后大部分时间与同一位妻子维持婚姻关系，有孩子，从未在一套西装上花费超过399美元或在一双鞋上花费超过140美元，驾驶一辆福特探险者（我想到了谦逊的亿万富翁、传奇投资者沃伦·巴菲特）。

事实上，许多富裕的人并不认为自己是富人。研究人员注意到的一个趋势是，这些人虽然沉迷于奢侈品，却在日常用品上精打细算。例如，他们在尼曼·马库斯百货公司买鞋，在沃尔玛买除臭剂。[19]

这些启示至少提醒我们，有产阶层与无产阶层的简单二分法应在细微差别上补充更多的内容，可能还需要进行一些心理学方面的研究。事实上，SRI咨询公司的商业情报部根据消费者对奢侈品的态度，将他们分为三个群体：

1. 奢侈是功能性的。这些消费者用他们的钱来购买耐用且具有持久价值的东西。他们在购买前进行广泛的研究，并做出符合逻辑的决定，而不是感性或冲动购买。

2. 奢侈是一种奖励。这些消费者往往比第一个群体年轻，但比第三个群体年长。他们用奢侈品来表达"我成功了"。渴望成功并向他人展示他们的成功，促使这些消费者购买外显性奢侈品，如高端汽车和专属社区的住宅。

3. 奢侈就是放纵。这个群体是三个群体中人数最少的，通常包括年轻的消费者，男性比例比以上两个群体略多。对这些消费者来说，拥有奢侈品是为了极度奢侈和自我放纵。这个群体愿意支付溢价购买能够表达他们的个性并让别人注意到的商品。他们对奢侈品消费有一种更感性的态度，比其他两个群体更有可能进行冲动购买。[20]

2.3　青年还是老年

"60岁相当于新的40岁！""你的年龄跟你的心理感觉一样大。""青春在年轻人身上浪费了。"我们生活在一个以年轻为导向的社会，这个社会正在重新定义衰老的概念。这意味着许多年事已高的人的心态比我们父母那代人在相同岁数时的心态更年轻。

这也就意味着传统的年轻与年老的二分法不再总是有效。当本田公司推出方形厚重的元素（Element）多功能汽车时，它本意是以年轻男性为目标顾客，但令该公司惊讶的是，许多中年女性也购买了这款车。根据这一经验，本田公司特意在推出飞度（Fit）超小型汽车的同时吸引两个年龄段的消费者。它在《过滤器》音乐杂志等面向年轻人的小众出版物上投放广告，同时又在《时代》杂志上投放广告。电视广告中采用了一些卡通人物，如可以吸引年轻人的"极速恶魔"怪物，这个卡通形象同时又能唤起人们对20世纪70年代漫画书中类似生物的回忆。同样地，丰田公司在2016年之前销售的赛恩（Scion tC）运动型轿车主要是针对年轻一族的目标客户，但实际上，其买家的年龄中位数是49岁。事实证明，50多岁和60多岁的人喜欢这款车的底座比较低，这样比较容易上车！[21]

对于销售一些产品和服务来说，如"55+ 退休社区"这类服务，年龄仍然是一个有效的人口统计维度，但它并不总是与人们对自己的看法相吻合。营销人员在设计新产品和传播营销策划信息时，严重依赖如X世代、Y世代和Z世代等宽泛的年龄类别。但是，当小学女生佩戴珠宝和穿高跟鞋来模仿她们的芭比娃娃，而八旬老人跑马拉松时，可能是时候重新考虑这些老旧的分类是否仍然准确了。

2.3.1　根据世代划分的市场

的确，你成长的时代将你与同一时期成长的数百万同龄人联系在一起。我们认同我们的同龄人，我们不仅有共同的年龄，在我们的需求和偏好上也经历过类似的变化。可以说，与更年轻或更年长的人相比，我们更有可能与同龄人有共同的喜恶。每一代人都是由大大小小的共同经历塑造出来的。

某些事件定义了一个时代，如越南战争、9·11事件或者新冠大流行。像大红大紫的名人、热门歌曲等其他时代标记虽然不具灾难性，但它们仍成为广大同龄人珍惜的共同记忆。事实证明，预测人们是否会喜欢某首特定歌曲的一个很有效的因素是这首歌流行时他们的年龄。平均而言，我们最有可能喜欢我们23.5岁时流行的歌曲。我们在33岁时对时装模特的偏好达到顶峰，我们倾向于喜欢在我们26岁或27岁时走红的电影明星。[22]美国婴儿潮一代可能会怀念像果珍（Tang）、跳跳糖（Pop Rocks）、提姆苏打水（Teem soda）、桂格麦片（Quisp cereal）等旧爱，而他们在英国的同龄人可能会在提到英佰瑞（Sainsbury's）的干姜、未食达（Vesta）的速食食品或任何含有榅桲①的东西时会心一笑。

生理年龄与心理年龄

然而，这并不意味着同一个年龄层的人都是一样的！事实上，研究证实，年龄更多的是一种心理状态而不是身体状态。如果你要根据年龄来划分你的客户，就要根据他们的感觉，而不是他们出生证明上的数字。

一项研究调查了作者称为"消费者身份重生"（identity renaissance）的现象，即人们在退休后经历的重新定义自己身份的过程。该研究确定了两种不同类型的身份重生：复兴型（恢复以前的身份）或新兴型（追求全新的生活项目）。即使退休人员通常要处理失去职业身份、配偶等问题，但他们中的许多人都专注于向前发展。他们为此采取了一系列策略，包括与家人和朋友重新联系（在许多情况下是在网上重遇）以寻求归属感，或者更积极地自我表达。后一种策略可能涉及重新审视他们年轻时没有时间充分投入的活动、学习新的技能，或者可能搬到市区重新参与文化活动。[23]如果你碰巧从事提供这些服务的业务，请仔细考虑你的目标顾客是谁，以及如何与他们交谈。

简而言之，与生理年龄相比，一个人的精神面貌和活动水平与长寿和生活质量的关系更为紧密。年龄类别是一种社会结构。每一种文化都会创造可用于对人和事进行分类的结构。感知年龄，或者说一个人感觉自己有多老，是衡量年龄的一个更好的标准。研究人员从几个不同维度衡量人们的感知年龄，包括"感觉年龄"（即一个人感觉有多老）和"外貌年龄"（即一个人看起来有多老）。他们的研究发现，相对于实际年龄而言，年纪越大的消费者感觉自己越年轻。[24]

---

① 榅桲（wēn po），蔷薇科榅桲属植物，有数千年的栽培历史，很早就被引入西方，据称希腊神话中所指的"金苹果"并非苹果，而是榅桲。

2.3.2 变色龙老人

让我们从年龄序列中比较"成熟"的一端开始。婴儿潮世代是一个相当庞大的年龄组别,他们在过去几十年间塑造了美国文化。几年前,旨在迎合对 MTV 音乐台来说年龄有点大的观众的音乐有线电视台 VH1,播出了一则广告,调侃"靠嗑药来逃避现实的一代……是靠嗑抗酸剂来应对现实的一代"。[25]

但是,这些现在处于或接近退休年龄的消费者,正继续与把他们赶到一个单一笼子的营销行动抗争,特别是抵制把他们当作行将就木的人。毕竟,老年人控制着 50% 以上的可支配收入。他们早已偿还了年轻消费者收入中被扣掉的那部分债务。80% 的 65 岁以上的消费者拥有自己的房子,此外,也不需要再花钱养育孩子。因此,我们可能会在跑车和昂贵的房车保险杠上瞥到一句常见的广告标语:"我们正在花我们孩子的遗产。"

即便是在初始阶段,营销人员对婴儿潮消费者进行一刀切的划分也是不准确的。事实上,人口统计学家将婴儿潮世代分为两个亚群体:生于 1946 年和 1955 年之间,在越南战争和民权时代成长起来的是早期婴儿潮世代;生于 1956 年至 1964 年之间,在越南战争和水门事件之后长大的是晚期婴儿潮世代。[26]

尽管他们可能已经两鬓斑白,但是婴儿潮世代还没准备好坐上轮椅。他们参与体育活动的比例比美国国民平均水平高出 6%。[27] 尼尔森公司估计,目前只有 5% 的广告支出面向 35~64 岁的成年消费者,但是婴儿潮世代消费了 38.5% 的快速消费品(CPG)。

事实上,尼尔森公司的研究表明,在 1 083 种快速消费品类别中,婴儿潮世代是其中 1 023 种的主要消费人群,他们每天观看 9.34 小时的视频,比其他任何群体都多。他们在所有电视观众、在线用户、社交媒体用户和推特用户中占比高达 1/3,拥有宽带网络的可能性明

显高于其他人。正如尼尔森公司的一位高管所言:

> 营销人员往往以为婴儿潮世代因为快要退休了,所以他们将来的生活将会是平静和安宁的,而事实并非如此。我们从行为数据中看到的各种迹象表明,这代人在相当长的时间里将仍然是活跃的消费者。他们的健康状况会更好,而且现在围绕退休问题会面临很多难堪的局面,但他们仍然会更富裕。他们将在很长一段时间内作为一个重要的消费群体而存在。[28]

由于生活方式更健康,医疗诊断和治疗条件更好,以及社会对老年人得当行为的文化期望逐渐变化,婴儿潮世代活得更长、更健康。近60%的人参与志愿者活动,每4位65~72岁的老人中就有1位仍在工作,超过1 400万的老人在照看他们的孙子、孙女。[29]

正如我前面提到的,我们要抵制诱惑,不要总想去追求我们想要的顾客,而忽略了我们确实拥有或者可以得到的顾客。当许多营销人员将营销策划资金投向能够接触到千禧世代或X世代的活动时,他们可能错过了拓展客户群的市场机会。这些机会包括且不限于提供学习机会的入门指南书籍和大学课程、整容手术和皮肤治疗、旅游和锻炼设施。

像亚利桑那州立大学和纽约州立大学帕切斯学院这样的一些锐意进取的大学,在所有学校都面临大学适龄学生入学率下降问题时(特别是在新冠大流行之后),加倍努力吸引"终身独立学习者"(又称老年人)进入校园。这些老人有能力在价格昂贵的邻近社区购买住房。大学鼓励这些"摇钱树"参加课程并参与校园生活。不难想象,我们将会在学校每周的社交接待活动中,看到许多啤酒和水烟枪。[30]

2.3.3 变色龙青少年

现在我们看看生命周期的另一端。将童年和成年之间的时间标记为"青少年"是一个相对较新的概念的划分，也是另一种社会结构。纵观历史上大部分时间，青少年时期都被认为是童年的一部分。当男孩进入青春期时，他们通常会经历一个成年仪式，例如，独自进入丛林杀死一只野兽并将其带回家，然后他们的身份几乎在一夜之间变成了成年人。年轻女孩初潮后可能会被单独隔离在一个地方，然后被嫁出去。就这样，童年结束了。请记住，莎士比亚笔下的朱丽叶作为"命运多舛的恋人"死亡时只有 13 岁。

事情在 20 世纪中叶开始发生变化，"青少年"作为过渡性的年龄类别开始形成。这种社会结构演变为为期若干年的"形成性"时期，此时的年轻人既不是孩子，也不是成年人。对许多中产阶级的孩子来说，"大学经历"实际上提供了一个免除成年人责任的安全避难所，学生们为进入"现实世界"做好准备，"找到了自我"（并清醒起来）。今天，我们在欧洲也看到了这种变迁，许多青少年在上大学之前选择了"间隔年"旅行。

美国杂志《17 岁》（*Seventeen*）对青少年作为处于一个独立和独特的过渡时期的社会群体的形成起到了开拓性的推动作用。该杂志创刊于第二次世界大战即将结束的 1944 年，向读者揭示了青少年在叛逆和顺从之间的矛盾冲突。但直到 1956 年，青少年这个标签才成为一般用语。弗兰基·莱蒙和青少年乐队（Frankie Lymon and the Teenagers）成为第一个将自己与这种新的亚文化联系起来的流行乐队。

其后，一股新兴的青年文化浪潮冲破了闸门，这种文化推崇猫王（Elvis Presley）光滑油亮的头发和充满暗示的性感舞蹈动作，与帕特·布恩（Pat Boone）的健康白人形象和雪白牙齿形成鲜明对立。

来自英国的音乐文化入侵浪潮则既带来了像披头士（Beatles）和赫尔曼的隐士们（Herman's Hermits）这样健康的榜样（至少在披头士乐队早期阶段，他们是健康的），也带来了包括滚石乐队（Rolling Stones）在内的反叛的摇滚歌手（与披头士不同，滚石乐队的反叛形象是由乐队经理精心编排的）。[31]

任何亲历过养育孩子过程的人都可以证明，即使划分为青少年类别也是非常不稳定的。在 20 世纪初，美国女孩月经初潮的平均年龄是 16 岁或 17 岁，而在今天，这个年龄大约在 12 岁或 13 岁。

让孩子们采用化妆品（更不用说毒品和酒精）等"成人"产品的社会压力开始得更早。[32] 一项研究报告指出，43% 的 6～9 岁儿童使用口红或唇彩，38% 的儿童使用发型产品。[33] 超过一半的美国儿童在 11 岁时拥有自己的智能手机。[34]

甚至说唱偶像的海报和痤疮膏的药管包装都潜藏着营销媒介。营销人员将 8～14 岁的孩子称为"吞世代"（tweens），因为他们同时表现出儿童和青少年的特征。这些狂热的消费者当然不会认为自己是孩子。营销人员每年投入约 430 亿美元向这些"成长中的青少年"进行营销，他们热衷于尝试那些使自己看起来更成熟的产品，尽管他们在心理和生理上可能还没有准备好。

此外，童年和青春期少年之间的界限仍旧模糊。那些试图弄清楚孩子们何时变成"吞世代"、何时变成青少年，或者何时从十几岁的少年变成青年的营销人员，祝你们好运。

2.3.4 变色龙父母

前辈告诫我们："永远不要相信 30 岁以上的人。"然而今天，孩子不再将父母当作敌人。许多千禧世代与他们的父母关系非常密切，并把他们当作朋友。事实上，超过一半的人将父母视为最好的朋友！[35]

当爸爸妈妈向孩子们咨询音乐潮流,甚至与孩子们分享热销的新款衣服时,他们可能不会认为自己的角色是严厉的权威人物。这种新趋势是双向的;父母也想和他们的孩子成为朋友。

好吧,所有这些亲密无间是很美好,但它的确让烦人的父母失去了一些"乐趣"。1972年进行的一项经典研究揭示了研究人员称之为"罗密欧与朱丽叶效应"的现象。就像莎士比亚笔下的人物一样,父母干预得越多,孩子越有可能坚持恋爱关系,甚至结婚。

在当时,父母是权威人物,所以他们的干预企图注定会引起反感。四十多年后,研究人员在不同年龄段的夫妇中对这一问题进行了重复研究,但未能再现这种关系。[36] 似乎在这几十年期间,子女变得不那么反叛,更可能认真对待来自父母的明智建议。这至少说明父母和子女之间的关系更加"合作"。过去势不两立的双方关系变得更亲切、更温和,营销人员可能不必再从传统的父母与子女细分市场的对立角度来思考问题。

营销人员和商家可以做更多的事情来颂扬和鼓励父母与子女的活动。我从一些零售商那里听说,并且在我自己的家庭中亲身体验到,母亲和女儿结伴购物已经非常普遍。女儿们似乎不再愿意为了反叛母亲而故意穿得与众不同。恰恰相反,现在许多公司专门在产品目录中开辟一整章介绍母女搭配的亲子套装,度假服装零售商莉莉·普利策(Lilly Pulitzer)就是其中的一家。[37]

这个新品类仅仅是营销人员为了迎合可能出现的亲子团聚的新潮流而采取的表面措施。尤其是在新冠大流行期间,亲子团聚从"优质时间"变成了"日复一日的日常",许多家庭会一起参与更多的活动。销售兴趣爱好产品、游戏、厨具套装和许多其他产品的公司可能从中受益,那些为妈妈与女儿提供亲子服装、鞋子和珠宝的公司也会受益。

2.4 我的种族（或民族）还是"无论我是谁"

美国文化多样性的快速提升是 21 世纪变化的最重要驱动力之一。截至 2015 年，在美国出生的婴儿大都是非白种人。在接下来的 45 年里，美国人口普查局预计西班牙裔人口将增加一倍以上；到 2060 年，几乎每三个美国人中就有一个是西班牙裔。同期，亚裔人口将增加一倍。

我们很容易发现有些公司发展起来靠的是开发迎合不同种族与族裔亚文化需求的产品，包括 BET（黑人娱乐电视台）、戈雅（Goya）食品公司的西班牙裔产品系列，或者起源于越南的汇丰食品公司（Huy Fong）的红鸡公辣椒蘸酱。

即使在一个"纯粹的"亚文化群体中，事实上也有许多梯度。在一个极端，我们可能会发现有些人很"硬核"：他们也许只说他们的母语，只从销售他们祖国产品的商店购买产品，甚至很少与那些不属于他们封闭圈子的人交流。在迈阿密的一些地区，如海厄利亚，初来乍到的人可能坚信自己来到了古巴一个前哨。几乎每个人都在愉快地使用西班牙语交谈，嚼着藏红花鸡肉饭（arroz con pollo）、古巴锅烧（boliche）和牛奶太妃糖（dulce de leche），玩着多米诺骨牌游戏。另一种极端情况是，人们只是跟同一身份群体的人保持松散联系，也许他们会在一起庆祝诸如朋友女儿的毕业典礼之类的一些文化活动，平时只会讲一些从父母那里学来的有趣的西班牙语俚语。

多文化下的变色龙

2017 年年底，歌手蕾哈娜（Rihanna）推出了她的化妆品品牌 Fenty Beauty。该系列提供 40 种色调的粉底，涵盖了从纯白到黑巧克力的肤色序列，在市场上取得了巨大的成功。40 种色调几乎在一夜之间成了新的行业标准，引得其他公司争相效仿。[38]

蕾哈娜并没有仅为黑人妇女推出一个新的化妆品系列。Fenty Beauty 的爆炸性增长部分是因为该公司照顾到每个人的需要，让无论其肤色如何的人都能找到适配的色调。这体现的是一种多元文化的灵活性，这使品牌能够在今天多种多样的种族与民族身份中获得消费者的忠诚。

当亚文化的偏好悄然成为主流时，行动就会发生改变。有一个很好的例子，我最喜欢问学生的一个冷门问题是：美国哪个城市每年生产最多的百吉饼？当每个人都喊着回答"纽约"时，我很得意地告诉他们，答案是辛辛那提——兰德尔（Lender's）冷冻百吉饼的起源地。让事情变得更加错综复杂的是，兰德尔品牌现在属于墨西哥烘焙食品公司宾堡集团（Grupo Bimbo）。

即使你想仅以某个种族与民族亚文化的成员为目标顾客，现在也越来越难实现了，原因之一是传统的亚文化类别正在瓦解。根据美国人口普查局的预测，到 2050 年，自认为是多种族的人将占美国人口的近 4%。自 2000 年以来，美国儿童中的多种族出身儿童增加了近 50%，达到 420 万人，使其成为美国增长最快的年幼群体。同期，自认为既是白人又是黑人的各年龄段人口人数激增了 134%，达到 180 万人。[39] 美国确实是一个"大熔炉"，融合了许多不同种族和民族的亚文化人群。这在一定程度上可以解释为什么在最近一次人口普查中，约有 6% 的参与调查的人没有选择调查表里提供的种族类别选项。[40]

在美国、欧洲和其他地方，移民通常要经历一个同化过程，这个过程涉及复杂的权衡决策——是采用新的行为方式还是保留旧方式。例如，父母是土耳其人的一个荷兰青少年可能会通过观看当地的土耳其电视台节目和为土耳其宗教节日购买礼物，形成她自己的消费"典范"，与之同时，她喜欢上了荷兰甘草糖（drop），并在阿姆斯特丹的俱乐部听"西方"音乐。[41]

文化适应是来自其他国家的人走近和接纳一个国家的文化环境

的过程。[42]由于我们的社会越来越全球化，这对营销人员来说是一个重要的问题。当人们从一个地方搬到另一个地方时，他们可能很快就融入新的家园，或者他们可能抵制这种融合过程，选择将自己与当地主流文化隔绝开来。一位刚到美国的人对自己为了接纳新的方式（和消费行为）而放弃旧的方式感到内心纠结和挣扎，是很典型的例子。零售连锁店家得宝（Home Depot）在对西班牙裔市场的营销推广中，对营销沟通进行了细分，为"已适应美国文化的西班牙裔"（即第二代或第三代西班牙裔美国人）和几乎只讲西班牙语的第一代移民分别创作了不同的广告。[43]

渐进式学习模型有助于我们理解文化适应过程。该模型的观点认为，随着人们越来越多地接触一种新文化，他们会逐渐学习这种文化。因此，我们预计人们在文化适应过程中，会将他们在原有文化的做法与新的或东道主文化的做法融合起来。[44]

对购物导向、人们对不同产品属性的重视程度、媒体偏好和品牌忠诚等方面的研究成果通常支持渐进式学习模式。[45]当研究人员把种族认同感强度纳入研究范畴时，他们发现保持强烈种族认同的消费者在以下方面不同于那些文化同化程度较高的消费者：[46]

（1）他们总体上对商业的态度更消极，也许是因为收入水平相对较低而产生的挫折感。

（2）他们更频繁地接触他们的母语媒体。

（3）他们的品牌忠诚度更高。

（4）他们更可能偏爱有信誉标签的品牌。

（5）他们更有可能购买那些专门针对他们的种族群体做广告的品牌产品。

当我们观察在美国的西班牙裔人如何看待他们的身份时，我们可以看到文化适应的过程是如何缓慢但稳定地逐渐弱化一个人对原生文化的认同，同时被同化到他们的东道国文化中。与其他种族的高通婚率以及拉丁美洲移民的数量减少，都降低了年轻人把自己视为西班牙裔或拉丁裔的可能性。虽然 93% 的西班牙裔移民会与西班牙裔结为配偶，但是第三代移民中只有 35% 的人会与西班牙裔组建家庭。大约 10% 有拉美血统的美国成年人甚至不认为自己是这个亚文化的成员。今天，美国有 4 000 万人说他们在家里说西班牙语，但这个数字正在下降。[47] 许多西班牙裔不认为自己完全是拉美人，或者完全是美国人，而认为自己是拉丁和美国之间的人种或者是混血儿。[48]

对拉美标签就讨论到这里。如果营销人员试图通过假定拉美裔会"理解"营销沟通中提到的所有种族信息，或者通过唤醒拉美裔的种族自豪感来与之交流，可能会发现消费者对他们的营销策略置若罔闻。这些消费者也许希望采用更温和的沟通方法，描绘更贴近日常生活的现实情景。例如，采用他们惯用的混杂西班牙语与英语的习语（Spanglish）与他们产生共鸣。

在美国有超过 2 500 万的欧洲人，来自法国、比利时和德国等欧洲国家的人占美国总人口的 10% 左右，他们构成了一个种族亚群体。在英国，预计在未来 30 年内，欧洲裔社群的人口将增加一倍，超过 600 万人。[49]

欧盟预测到 2050 年将有 4 000 万人口流入欧盟地区，同时由于西方国家的人口老龄化，这些移民在欧盟人口中的相对比例将会上升。[50] 劳埃德公司（Lloyd's）最近的一项研究报告称，自 2015 年以来，黑人、亚洲人和少数民族群体代言的英国广告已从 12% 翻倍增加到 25%。然而，只有 7% 的广告主角是由少数民族的人扮演的。[51] 至少，英国地区的营销人员在广告投放实务中，希望广告能触达更广的受众群体。

在美国，广告商直到最近仍只关注白人消费者，白人消费者是他们所谓的"常规市场"。当他们提到少数民族时，通常都带着贬义的刻板印象。事实上，直到 2020 年"黑人的命也是命"运动爆发，百事集团旗下的桂格燕麦公司才开始着手废弃 Aunt Jemima 品牌。[52]

一些简单的财务数据让商业界意识到非白种人消费者被低估的经济影响力。2019 年，美国少数民族群体的购买力总和接近 4 万亿美元。[53] 在英国，BAME 群体（黑人、亚洲人和少数民族）占总人口的 12%，每年的购买力达 3 000 亿英镑，而且还在上升。[54]

可以预见的是，随着这些统计数据的传播，广告公司开始全力以赴培养或招募能够与非白人消费者沟通的多元文化专家。美国消费者很快就会遇到铺天盖地专门针对非裔或西班牙裔美国人的广告、节目和产品。少数民族消费者会被扑面而来的广告信息淹没，这些广告包含独特的亚文化广告桥段和外表看起来像他们族人的广告演员。突然间，广告公司要应对很多细分类别，把每个细分市场放入它对应的整齐的小笼仓中，并由专门的广告代理员负责。

然而，许多美国消费者，甚至是以前被营销行业忽视的少数民族，似乎对营销行业将他们置于其中的笼仓越来越感到厌倦。虽然更广泛的代表性是一个优点，但是当营销人员不遗余力地将非白人家庭或其他社会群体作为广告特色时，他们可能矫枉过正了。最近一项调查了 2 000 多人的研究报告指出，80% 的父母喜欢在广告中看到多样化的家庭。66% 的调查对象说，当他们在竞争性品牌中做出选择时，品牌表现出对各式家庭的尊重是一个重要的选择因素。[55]

当我们审视时尚界中的街头服装，这个崭新品类的发展轨迹时，我们可以看到少数民族类别和大众类别是如何融合的。例如，破茧而出的 Supreme 公司估值高达 10 亿美元。对于一个销售连帽衫和双截棍的品牌来说，这个市值引人注目。但它的成功只是一个更大故事中的一个部分，反映了边缘化的嘻哈文化和主流市场之间的文化壁垒的瓦解。[56] 最近我们看到该公司宣布与奢侈品品牌路易威登合作，时尚笼子的藩篱要被打破了。[57]

本章启示

- 感知的年龄比生理年龄更重要。
- 孩子不再将父母当作敌人。企业应鼓励父母与子女共同购物和消费，并考虑多世代的营销策略。
- 越来越多的消费者把自己视为多民族群体的成员。由于有更多的人渴望体验到商家为我们所处细分人群之外的市场提供的新产品，所以小众产品有巨大的发展为主流产品的潜力。

第 3 章

抗拒传统购买行为的消费者

1967 年：玛丽非常兴奋。毕夫刚刚打电话给她，邀请她在毕业舞会上做他的舞伴！她一挂断毕夫的电话，就给她最好的朋友简打电话分享这个消息。简告诉玛丽，她刚刚去了市中心，在那里她看到了金贝尔百货公司（Gimbel's）的橱窗里有一条"棒极了"的裙子。玛丽毫不犹豫地拿起她的雪佛兰羚羊（Chevy Impala）车钥匙，接上简和另外两个朋友，直接前往商店。她试穿了一堆衣服，让她的女友们在更衣室里点评。这个过程折腾了几个小时，但最后她的朋友们认为，简最初看上的那条裙子是最合适的。玛丽小心翼翼地清点她钱包里的钞票，用她从零用钱中攒下来的钱把看中的裙子买回家。舞会如期开始和结束。六个星期后，她拿起舞会结束后送去冲洗的胶卷，准备把照片寄给她引以为豪的家人。

2020 年：玛丽的孙女麦迪逊坐在她的历史课上，无所事事地浏览着她最喜欢的一些时尚博客，这只是高中生活中一个平常的星期三。现在是 5 月，她关注的许多时装专家都在谈论毕业舞会风格的最新时尚趋势。麦迪逊一时兴起，给塞拉斯发短信，问他和他的兄弟们是否要去参加毕业舞会。塞拉斯回答是的，邀请她一起去参加舞会，并参加舞会后的通宵派对。麦迪逊立即在脸书（Facebook）上发布了关于谁将参加超酷的余兴派对的八卦消息，并且给玛丽发了短信，告诉她这个消息。当天稍后，她坐在代数课堂上，忙着用谷歌搜索"毕业舞会服装"。她开始在她拼趣网的几个看板上"拼"（pin）裙子图片，和她的脸书朋友分享。1小时后，麦迪逊在她的苹果手机上收到了一封拼趣网"时尚服装看板"的通知。她浏览了其他人发布的关于服装的帖子，许多人似乎喜欢她从时尚购物网站 Revolve.com "拼"的几款衣服图片。在开车从学校回家前，她坐在她的丰田普锐斯（Prius）小汽车里登录了 Revolve 网站，创建了她的个人虚拟模型，试穿了一些裙子。

当麦迪逊在网上与她的朋友分享截图时，她失望地发现大多数朋友打分最高的那条裙子在价格上有点超出了她的承受力。凭着直觉，她打开了闪购网站 Gilt 的应用程序，果然那件衣服现在四折促销！当然，这里有一个问题：只有25件存货，卖完优惠就要结束了。她看到实时信息板上显示过去1小时内售出了15条裙子时，心怦怦直跳。麦迪逊立即下了单，用她妈妈的 PayPal 账户付了款。她觉得既然她拿到这么大的优惠，妈妈就不会责怪她。

两天后，UPS 送来了麦迪逊订购的三个尺寸的裙子。果然，10码的裙子就像手套一样贴身，她把另外两件退了回去。舞会当晚，麦迪逊拍了一张自拍照，发到照片墙（Instagram）上，并转发到脸书、推特和汤博乐（Tumblr）[①]，她的照片在这些社交媒体上收到了许多点赞和评论。第二天，麦迪逊将网友们对这款裙子的评论链接对接到她的照片页，推荐了这个品牌。她还在该品牌的脸书页面上写了一条好评。后来，她浏览了该品牌的网站，用自己的虚拟形象搭配衣服创造了更多造型，并把这些造型上传到拼趣网，以帮助其他遇到两难选择的人更容易地做出决策。追求塞拉斯是一回事，重要的是她抢到了一笔非常划算的交易，在她的时尚达人网络中赢得了声望。而且，她的祖母玛丽看到她看上去这么干练，一定会很兴奋，如果麦迪逊最后能教她如何登录她的脸书页面的话，就更棒了。[1]

---

① Tumblr 成立于2007年，是全球最大的轻博客网站，也是轻博客网站的始祖，2013年被雅虎收购。

3.1 我们如何购买：线性决策过程

高中毕业舞会是一项源自美国且持续了 50 多年的庆典活动，通常也是让忧心忡忡的父母感到懊恼的活动。它在欧洲也越来越受欢迎。玛丽在 1967 年的舞会故事符合过去 50 多年来的消费者行为研究，表明人们在购买前的信息处理有一个系统的、线性步骤的过程。但她的孙女在 2020 年的经历颠覆了这个基本假设。像麦迪逊这样的年轻消费者迫使我们彻底抛弃大部分我们过去关于人们如何决定购买什么的知识。

但让我们后退一步。在我们能够说明事情如何变化之前，充分了解传统的常识是有帮助的。我们究竟对消费者如何决定购买什么知道多少？我们的故事始于 1968 年，当时三位学者建构并发表了一个决策模型，该模型为探讨人们如何选择某个品牌而不是其他品牌提供了大量的指导。[2] 这个经典的概念化构想包含五个独立的阶段：

（1）问题识别。
（2）信息搜索。
（3）评估选项。
（4）购买。
（5）购后评价。

无论是对一件新衣服、一盒牛奶，还是大学教育，这个过程通常始于消费者意识到未满足的需求。它建立在一位单独、理性的决策者的想法基础之上，决策者要系统地获取和筛选信息，以实现效用最大化（这是经济学家的说法，即"实现最佳选择"）。

消费决策步骤

如果我们有一个可以依靠的可靠决策步骤序列，利用这些知识来成功争取客户是相当容易的。这是因为我们把看似简单的"是"或

"否"活动分拆成一系列更广泛的决定，其中每一个决定都会带来挑战和机会。如果知道潜在客户在这个序列中的位置，就可以针对特定阶段，为潜在客户量身定制沟通信息。让我们仔细看看这些传统阶段，以及它们的变化速度如何变得比滑动手机的速度还快。

步骤1：问题识别

玛丽被邀请参加舞会，触发了她的决策过程。这个邀请促使她认识到一个未满足的需求，即需要为舞会准备新衣服。

当消费者意识到他现在所处的位置与他想要或需要的位置之间存在某种差距时，他就开始认识到问题了。这种差距可以是功能性的：我的麦片牛奶用完了，而我每天早上都要吃麦片加牛奶。这种差距也可以是心理上的：我的裤子已经穿不进去了，我需要找到新的裤子，让我看起来还不错。

老式的广告信息常常帮助我们意识到这些差距。这些广告向我们展示了"快乐、神采奕奕的人"的形象，他们看起来处于近乎狂喜的状态，原因是他们的厕所是干净的，或者他们收到了路人钦佩的目光，等等。

有时，这些广告甚至"帮助"我们编造出差距，或者至少启发人们想到这些差距。例如，一家制药公司老板的儿子杰拉尔德·兰伯特（Gerald Lambert）在一本医学杂志上偶然看到口臭（halitosis）这个词。这是一个古老的拉丁语单词，意为难闻的口气。李斯特林（Listerine）品牌使用了这个标签，因为它听起来很科学。它的广告讲述一些不幸的人的轶事，故事主角从未摆脱让人心惊胆战的状态。例如这一段："埃德娜是一位富有魅力、仪态万千的美丽年轻女子。她很受欢迎，但有一个致命的缺陷——埃德娜有口臭。更糟糕的是，她根本不知道这一点！因为她最亲密的朋友都不会告诉她，所以可怜的埃德娜，尽管有无尽的魅力，但'总是伴娘，而不是新娘'。"李斯特林的年销售额从1921年略高于10万美元迅速攀升到1927年的400多万美元。[3] 显然，很多消费者从来不知道自己有这个问题，直到公司帮助他们指出来。

这个决策阶段的营销挑战部分地在于预测你的客户何时会考虑购买新产品。当福特公司想推出新款蒙迪欧（Fusion）混合动力车型时，该公司瞄准了汽车行业所谓的"上层漏斗"，即未来的潜在买家。为了让尚未有购车意向的人产生欲望，福特在一个专门的网站开展了抽奖活动，网站访问者有机会赢得一次旅行和一辆新的蒙迪欧。福特在推特和脸书上宣传了这次抽奖活动，在推广活动的前两周，就动员了近7万人咨询更多关于新车的信息。[4]

步骤2：信息搜索

一旦我们认识到自己所处的位置和想要达到的位置之间的差距，就开始审视寻找解决方案。当然，我们搜索到什么程度取决于各种因素，如需求的紧迫性。但一般来说，我们会参考内部和外部两大类信息来源。

首先，我们回顾自己的经验，过去已经采取了哪些行动以及这些行动是否有效。因此，当一个人遇到"我的牛奶又没了，因为我的室友喝了，又没有补回来"的问题时，他要做的可能只是简单地将牛奶加入今天的购物清单。

因为许多差距对我们来说是新的事物，所以我们可能没有先例可循，或者，也许上次解决差距的经历并不令人满意。现在我们不得不搜索更多的信息，我们可能会选择咨询朋友或专家，也可能会查阅专业杂志或其他来源。玛丽立即就想到了她应做的事情：她给她的朋友打电话，她知道她的朋友是对潮流服装等需求急迫的产品保持高度关注的那种人。

步骤 3：评估选项

在这个阶段，决策者确定了一些可行的方案。现在的任务是缩小这些方案并选择一个。同样地，根据决策的重要性，我们采用不同的认知策略来筛选方案。有些策略类似复杂的算法，要细致地权衡每个选项的优点和缺点。另一些策略则较为随意。例如，我们从货架上拿起一块糖果可能仅仅因为喜欢其包装，或者是因为它唤起了我们美好的回忆。

如果你让一个人列出某类产品中他或她能想起的所有品牌，他们可能很快列出几个品牌，然后再思考一下，再列出几个（你可以找人测试一下）。这份清单实际上相当重要，尤其是如果你的品牌未出现在清单之列，你更应重视这份清单。我们把消费者主动想到的替代品称为他或她的意识域。[5]

显而易见，如果一位营销人员发现他的品牌不在目标市场的意识域里，他会感到担心。你通常没有第二次机会来创造一个好的第一印象；当消费者已经考虑并拒绝了一个产品后，就不太可能把它列入他的意识域。实际上，就算在营销人员额外补充了关于产品的正面信息后，我们更可能把一个新的品牌添加到意识域，而不是接纳一个我们之前考虑过但没有接受的品牌。[6]

玛丽很快就收紧了她的意识域，因为她选择了一家商店作为"商品信息负责人"，把她的选择限定在比较窄的范围。然后，她选择了少量有实物库存的衣服，并从这堆衣服中选择了一件"胜利者"。

步骤 4：购买

一旦我们对某类产品中的相关选项进行汇总和评估，最终我们就必须选择一个。[7] 回想一下指导我们选择的决策规则，从简单快捷的策略到需要大量注意力和认知处理的复杂过程，有多种规则。[8] 玛丽根据合身和价格等标准，系统地评估了每件备选的衣服，并自豪地将她的选择推向了收银台。

步骤 5：购后评价

精明的"关系营销者"很早就知道，大多数情况下，购买根本就不算是过程的终点。真正的终点是购买后的评价，这有助于确定公司是否有机会在未来培养起一个对品牌忠诚的客户。公司明白，获得一个新客户的成本远远高于保持一个老客户的成本，所以你不能在销售后就裹足不前。

在传统模式中，消费者收到的反馈形式是赞美、一次触电、一场胃痛、一帧帧更清晰的电视画面等。例如，玛丽尊重的祖父母在收到她的舞会照片时，发出一片赞叹声。这些反馈验证或否定消费者的选择。对消费者选择的反馈在学习过程中起着关键作用。很简单，积极的反馈使这个人在下次遇到类似问题时更有可能选择同样的解决方案，而消极的结果则将他们引向竞争者的怀抱。想通了这一点的企业会通过调查和其他消费者洞察工具，时不时地征求消费者的反馈，以便在售后保持对他们的表现的关注。

3.2 我们现在如何购买：非线性决策过程

麦迪逊的决策过程看起来与她祖母的决策过程完全不同。该决策并不遵循从问题识别到购买和购后评价这条可预测的、舒适的线性路径。相反，这名青少年的购买决定看上去几乎是随机地从她的社交媒体互动中冒出来的，她全天候在社交网络上进行一连串的信息输入，与她在网络和社交媒体平台上以查询形式获得的信息输出，交织在一起决定了她的购买决策。虽然麦迪逊的决策仍然包含所有传统的决策元素，但这个过程不再那么整齐划一。事实上，它看起来更像是一种有机的、持续的突变，而不是我们可以实时分割成若干独立步骤的一系列过程。

今天，我们看到的不是消费者缓慢迈向购买决定的一个可预测的过程，而是消费者与营销者之间源源不断的互动沟通，具体包括以下几个方面。

（1）模糊了编辑信息和商业信息之间界限的原生营销宣传（native marketing executions）。

（2）与"物联网"相连的应用软件，向企业授权监测我们的身体和精神健康（并在必要时自动为我们补充药品和食品）。

（3）通过数字化的虚拟化身和全息图完成的服务接触。

（4）让我们知晓我们所关注产品价格何时降价的智能手机提醒服务。

还有很多新的变化。每周7天、每天24小时持续在线的消费者始终保持待购状态，他们不再需要在消费状态和非消费状态之间切换，不再区分什么时候买，什么时候不买。

让我们快速回顾一下麦迪逊的一些行为与决策模型的组成部分之间的关系。把它们称为阶段已经没有意义，所以我们把它们称为元素。

3.2.1 元素1：问题识别

我们都很熟悉这样一种令人毛骨悚然的经历：人们从我们身边走过，低着头看手机，除了他们在手机中看到的东西外，对其余一切视而不见。麦迪逊沉浸在她的网络中，所以她不断接触到新的"问题"，网络提醒她发现了自己原本未意识到的需求和愿望。

今天的社会里，他人的挑战和成就处处可见，别人比自己更受欢迎、更漂亮、更成功，这让消费者普遍处于焦虑状态。这种状态甚至有一个专有名称：FOMO（fear of missing out，害怕错过）。我们中的许多人为了迎接下一个社会挑战总是保持高度警惕，我们在互联网上不断搜索信息，以便在出问题前预测到它们。

这种警惕是有代价的。有些研究报告指出，大量使用脸书等社交媒体平台与不快乐、孤独和嫉妒等感觉有关。[9]从某种意义上说，问题识别已经依靠持续进行谷歌搜索，因为用户认为："在我看到其他人说什么之前，我哪能知道想要什么呢？"

3.2.2　元素 2：信息搜索

信息搜索是一门大生意。不是开玩笑！2019 年，在全球范围内，企业在搜索广告上花费了约 1 400 亿美元（其中 80% 成为谷歌的收入）。[10]但真正的故事并不仅仅是我们搜索了多少。它（搜索引擎）就是我们问的人。

当玛丽还是个青少年时，她会不假思索地参考《时尚》（*Vogue*）这样的时尚界"圣经"，以了解什么是正式的"流行"或"不流行"。她的孙女可能也会查看一两本时尚杂志，但她更倾向于求问新的神谕，如 Olja Ryzevski、克莱尔·莫斯特（Claire Most）和西尔维·穆斯（Sylvie Mus）等照片墙明星博主，当然还有互联网。[11]而且，麦迪逊的搜索越来越多地基于视觉而非文字。像拼趣网这样的图片库网站的普及，加上图像识别技术的发展，意味着消费者可以根据视觉标记来搜索产品，而不是试图用文字来描述它。正如音乐神搜——沙赞应用程序（Shazam，现在从属于苹果公司）可以辨识出你的收音机里正在播放的歌曲名称一样，Snap Fashion 等初创公司设计的新软件可以让消费者用他们的智能手机拍下一件衣服的照片后，就链接到这件衣服或类似物品的零售商。[12]

3.2.3　元素 3：评估选项

消费者今天面临的最艰巨的挑战之一是有太多的选择，这在很大程度上是一个"第一世界问题"①。虽然有选择肯定是好的，但具有讽刺意味的是，至少在发达国家，人们饱受富足之苦。

在第 2 章中，我们把这个问题称为"过度选择"。不幸的是，这种情况意味着我们拥有太多好东西。许多研究表明，与只有相对较少的选择时相比，当消费者有很多选择时，实际上他们更容易做出愚蠢的决定，并感到沮丧和愤怒。

互联网使我们能够随时获取海量信息。但现在，我们迫切需要一些强有力的阀门来管理铺天盖地的信息流，[13] 以免我们无力招架，随波逐流。换句话说，今天我们需要的帮助只是把海量选择过滤缩小到一个可管控的选项集合。我们从来没有像今天这样需要对信息进行整理、筛选、剪辑的"编辑"。

因此，诸如比较表、筛选器、排序和评分程序等强大的新工具的发展，使我们能够定制我们的信息环境，以便仅关注一小部分备选项。这样做的缺点是，就像读新闻一样，我们往往只"发掘"已经知道的事情，而不去了解新的选择。我们很可能蜗居在互联网活动家伊莱·帕利瑟（Eli Pariser）所谓的"网络过滤气泡"里。[14]

3.2.4　元素 4：购买

麦迪逊可能永远不会踏入实体店购买她的裙子。如今，80% 的美国人在网上购物，超过一半的人在手机上购买过东西，15% 的人在点击社交媒体上分享的链接后下了单。[15] 类似地，来自欧洲的报告

---

① 第一世界问题（first world problem），是指微不足道的挫折或琐碎的烦心事，和发展中国家所面临的严重问题形成鲜明对比。——译者注

表明，在2019年，大概71%的互联网用户在网上购买过东西。[16] 正如美国零售商百思买（Best Buy）等连锁店发现的那样，先逛店后网购的消费者可能把商场展厅视为一个更便捷的在购前测试产品的场所，在商场看好了中意产品后购买更便宜的在线产品。随着我们适应新冠大流行后的生活，新冠疫情期间大规模转向网上订购物品的行为是否会成为我们的一个习惯，还有待观察。

谁动了我的"零类接触关键时刻"（ZMOT）

这一巨变诠释了传统线性决策模式崩溃的一个关键点。让我们来看看谷歌如何看待这个问题。谷歌对自己提出的ZMOT概念有浓厚的兴趣，以下是对它的定义：

> 这是一个在手机、笔记本电脑和各种电子设备上每天发生上亿次的新的决策时刻。这是一个营销、信息、消费者选择发挥作用，影响世界上几乎所有品牌成败的关键时刻。在谷歌，我们把这一时刻称为"零类接触关键时刻"，简称ZMOT（ZEE-mot）。[17]

谷歌专注于零类接触关键时刻是正确的，因为它的存在和兴盛取决于我们对人们如何搜索信息，以及他们如何利用搜索来做出购买决策的理解。

解释"什么是零类接触关键时刻"的答案发生了根本性的变化，这点看法特别重要。谷歌知道，今天的零类接触关键时刻可能与我们通常假定的不同，它并不是仅仅发生在线上或者实体店。事实上，它只是或者更可能发生在消费者在家、上班甚至坐车兜风（希望不是在驾驶中）期间浏览网页的时候。

在过去，营销人员把店内交易理解为顾客甩下信用卡付款，完成购买征途的最后一站。因此，许多传统的销售策略将成交视为在历经问题识别、信息搜索、替代方案评估等步骤后画上句号。

购买环境是争取客户的最后机会,越来越多的营销人员将资源从传统广告转移到购物点的信息传递上,以便在商店里完成销售。这种策略对于小规模的冲动性购买仍然很有效。谁能拒绝在收银台前呼唤你名字的诱人的糖果呢?

让我们迅速切换到今天的移动端购物情景下的零类接触关键时刻:消费者停下汽车之前就已经决定好他们买什么,这已成为越来越普遍的现象。调查报告显示,现在有80%的消费者在购买前会在网络上做好研究。[18]

因此,麦迪逊选择搜索网上折扣店,而不是购买她第一次遇到的衣服。零售商们请注意:因为你的消费者"永远在线",所以你也必须这样做。在顾客进店后,你充分施展魅力捕获他的日子已经一去不复返了。零类接触关键时刻稍纵即逝。现在,你需要尽你所能,在更早的时候就与他们接触和互动。

一切都与痛点有关

在玛丽的时代,实体零售商要与其他实体店竞争她的生意,除了电视销售等少数例外,没有其他业态种类。她没有太多的其他选择。当然,现在的情况已经不是这样了。由于这个原因,购买阶段的一个重要构成部分是顾客选择以何种购买方式来获得产品。这一要素切中了许多公司,尤其是正在从实体店过渡到电子商务的公司力图解决问题的核心。毕竟,现实情况是,客户在购买大多数商品时拥有多种可选的购买方式,如店内购买、网上点击购买、电话销售等。

企业一个主要目标是尽量减少顾客在购买过程中的痛点。我们希望尽可能做到流程顺畅,因为如果客户在购买过程中遇到太多障碍,他们可能会弃购,转求其他购买渠道。无论是在实体店还是在网上,这种情况都比我们通常预期的更普遍。事实上,对电子商务的研究估计,所谓的购物车弃置的情况处处都会发生,占交易数量的比重从

50%到80%不等。这使商家每年损失2万亿~4万亿美元。造成这一高比率的原因有很多，包括网站速度慢、需要创建账户、在交易后期冒出预料之外的收费、缺乏安全保障以及网站故障等。[19]

有些策略可以减少这个问题。例如，允许顾客创建访客账户，用电子邮件提醒顾客结账，甚至采用"退出意向弹窗"——通过向消费者提供额外的激励作为挽回销售的最后努力。[20]但显然，购物车弃置的比率稳步上升表明，企业需要加倍努力来减少越来越没有耐心的消费者可能遇到的购买障碍。

3.2.5 元素5：购后评价

玛丽不得不等待六个星期才能看到自己穿上舞会礼服后光彩照人的样子。相比之下，麦迪逊生活在一个持续反馈的世界里。她和小伙伴们每天几乎事无巨细地发帖，供其社交媒体评价。这些帖子包括各种蹩脚的自拍、日常生活的各种细节，甚至是她吃的饭。事实上，着迷于在吃东西前分享盘中食物的美化过的照片，已导致了一种被普遍称为"食物挑逗照"的炫食族。这种状况已经变得失控，以至纽约的一些餐馆不得不禁止顾客在餐桌上自拍。[21]

加速的信息反馈循环是新的零类接触关键时刻的特征之一。这是几乎每个企业都要把握的一次非常深刻的变化，因为这些新的零类接触关键时刻颠覆了传统的线性购物决策模式。[22]

3.3 变色龙通过组委会完成购买

变色龙麦迪逊非常忙，她看起来时时刻刻都在开会。这是因为现在是由一个"组委会"而非个人来处理信息并决定做什么。

传统的购买决策模式虽然承认决策者会询问外部信息资源，但是倾向于把决策者描绘成一匹孤独的狼。当然，她在购买之后会急切地从其他人那里寻求反馈，以证明自己做出了明智的选择。但是，现在这种情况已经不像以前那么常见，因为新的"永远在线"的消费者会在决策前就向她的社交网络询问意见，验证她的想法。

讽刺的是，尽管互联网本应使我们的生活更轻松，但似乎消费者比以前更辛苦。哪怕是最微不足道的购买，他们都比前人更煞费苦心地进行研判，而这个过程往往意味着在他们最后决策前，要与他人进行一次或多次磋商。

消费者狂热的咨询极大地改变了我们对独行侠的印象。这些消费决策过程看起来似乎更接近研究人员在组织采购情景下观察到的情况。在组织采购中，一个采购中心（不是指实体场所）的成员合作协调信息流，研究每个备选项的优点和缺点，并找出其他买家对它们的评价（当然要做这个工作）。正如我们在麦迪逊的决策过程中看到的那样，现在消费者购买一件舞会礼服似乎要"全村人参与"。

这是一个参与型消费的新时代，我们中的许多人在征得我们所处网络的支持和确认我们的决策无误之前，不愿意做出任何购买行动。实际上，皮尤研究中心的一项调查发现，40%的美国人表示他们几乎在购买任何新东西之前都要参考网上评论。[23]

由此可见，以前的独行侠变成了现在的企业采购经理。在购买决策过程中，她的"小伙伴们"扮演着不同的角色，就像一家公司的"采购中心"那样以团队方式运作。

社交购物的兴起

市场上对信息采编筛选的庞大需要让我们完全回到了传统线性决策模式的终结点。在电子商务发展的早期阶段，人们怀疑在线销售渠道的可行性，因为在家点击鼠标无法精确地仿制试穿商品和接受购物伙伴反馈的体验，甚至无法复制把新衣服穿回家的快感。

这种批评在今天几乎是没有意义的，而且很可能在未来几年内就成为陈年往事。新的技术正在出现，把与闺蜜一起逛店的温暖舒适体验与网购的便利性融合在一起。这些应用软件在以下几个方面弥合了数字和现实生活（IRL）之间的差距：[24]

（1）像vi.sualize.us和拼趣网这类图片剪贴簿网站，让消费者在网上冲浪时就像实体店内的消费者把相中的一堆裤子拖进更衣室一样，他们可以在网上收集一堆备选商品。作为社区的成员，他们会提交自己的着装创意，供他人参考。

（2）像"我的虚拟模特"（MyVirtualModel.com）和"快乐衣服"（JoyofClothes.com）这类虚拟试穿网站允许消费者把服装叠加在自己的照片或头像上。在某些情况下，用户可以定制模特的身材尺寸，以产生更准确的模拟效果。

（3）如照片墙这类购买前反馈网站，可以让消费者向他们的社交网络和其他时尚人士征求意见。

（4）像"衣橱空间"（ClosetSpace.com）和"衣着佳"（Cladwell.com）这类着装推荐网站，可以考虑天气和场合等变量，为用户在他们光顾的网站上购买服装提供建议。

（5）无论是在家里还是在商店内，增强现实应用（AR）都可以创造一种沉浸式互动体验。匡威（Converse）、优衣库（Uniqlo）和宜家（IKEA）等公司已经成功部署了AR平台，增强了实体店的客户体验。

麦迪逊的舞会购物过程融入了一些新技术。还记得吗？她创建了自己的个人虚拟模型来试穿礼服。与加入新技术的选购过程相比较，在过去从网上目录中挑选商品的选购过程中，消费者根本不知道这些商品到货后会是什么样子。麦迪逊还在网上与她的朋友们分享衣服的照片，在他们对每件衣服做出评价之前，她是不会购买的。就像她的祖母玛丽可以去商店试衣间，在三个朋友面前试穿她的选择一样，麦迪逊现在能在购买前而不是之后获得其他人的反馈。同样的任务，而零类接触关键时刻却已大不相同。

让我们把这些新兴平台统称为社交购物。我们当中越来越多的人转向了网上购物，但我们仍然渴望在货架上浏览商品的刺激。新技术可能无法完全复制这种感受，但它们正越来越接近真实。至少，它们允许消费者在看（虚拟地）一件又一件商品时，了解他人的支持或者反对意见。

也许是时候让营销人员也去购物，以构建新的模型来解释今天非线性的、永远在线的决策者所在的疯狂世界了。

我们必须打破多年来为划分购买决策的不同阶段而建造的笼子。让我们快速了解一下消费者解决问题的传统阶段是如何变化的，甚至在你阅读本书的时候情况也正在发生变化。

群体顾客做主

随着消费决策从单打独斗转变为我们所处网络中的他人共同参与，对于营销人员来说至关重要的是，要理解这种动态趋势如何改变着消费决策过程的本质。

感知到他人的存在会极大地影响个人的选择，这是一个不言自明的事实，但是以防万一，我们有75年前可靠的研究证据来支持这一观点。哪怕是外行，许多人也熟悉米尔格拉姆实验（Milgram Experiment）这类经典研究。在这个实验中，普通人（实验被试）被劝说向另一个人（此人实际上是实验研究人员的合作者）施加严重的电击，当被试感受到权威压力时，他们真的会这样做。

我们也知道，当我们成为某团体的一员时，我们对风险的容忍度往往会提高。这种效应有据可查，社会心理学家把这种倾向称为风险转移。值得零售商和其他营销人员注意的是，这种效应的影响之一是，如果我们和别人一起购物，我们可能会花掉更多的钱。出于这个原因（社交距离除外），企业鼓励消费者成群结队地逛店是一个明智之举。企业也可以用一些更为聪明而简单的方法来做到这一点。例如，为那些能够三五成群地来买好东西的顾客举办"快闪销售"（pop-up sales）。然而，我还没有看到任何零售商推出激励团体购物的举措。

群体并不总是正确的

顾客总是对的吗？现在不是了。尽管在很大程度上不被重视，社会化评分的另一个方面是它有可能改变零售业和客户服务领域的游戏规则。当我们忙着评估自己与销售人员或其他服务提供者的互动时，他们也在对我们做同样的事情。在小企业工作的员工总是会遇到问题顾客，时不时到店里折磨他们。但现在至少在理论上，无论大企业还是小企业，任何类型的企业的销售人员或其他服务提供者都可以对你的行为进行评分。最精彩的是，他们可以与其他人分享这些评分。不再是只有圣诞老人才知道你是淘气包还是好人。

在爱彼迎（Airbnb）和优步这样的平台上，用户每消费一次，就会得到一个评价。来福车（Lyft）和优步司机说，不付小费的吝啬顾客肯定会收到糟糕的评价。值得一提的是，在车里呕吐或粗鲁地对待司机（或者两者兼有）的人也一定会获得差评。[25] 这可不仅仅是"信息仅供参考"（FYI）那么简单，一个差评可能让你以后没法订上房间或打车。

这种新的"记分牌"可能对买卖双方之间传统的权力差距产生巨大影响。突然间，不仅仅是服务提供者必须扮演好自己的角色，客户也必须扮演好自己的角色，考虑自己今天让人讨厌的行为将如何影响明天的声誉，形势已经完全不同了。"顾客永远是对的"就是这么回事了。

到目前为止，服务企业似乎还没有仔细考虑这种反向评价过程的潜在影响，但这可能只是迟早的问题，过度苛刻的病人要找到愿意忍受他们的医生才能看上病，喜欢对维修人员嚷嚷的客户将找不到人帮他们修理漏水的厕所，甚至那些在凌晨 2 点给教授发电子邮件、紧急询问两周前到期的作业的学生可能被禁止选课（好吧，最后一种情况是我的幻想，我只是在这里罗列一下）。我们刚刚开始感受到这个笼子打开带来的巨变，但它带来的变化可能比我们预想的更大。

3.4　社交购物造就蜂巢思维

蜂巢思维指的是一个大型数字社群的成员，通过分享他们的知识和意见，使成员之间得以维持一个集体参与的持续的反馈循环。它最终会实现群体智慧，建立起具有群体亲和力的同心圆，成员们可以相互依赖以求证自己的选择是否正确。

与老式线性模型的顺序范式形成鲜明对比的是，蜂巢思维不断交流信息，并不断采取行动。我们已经演变为多人同步消费（polysynchronous consumption）的永动状态：我们一边进行异步和同步的多种渠道在线交流，一边通过手机和其他设备开展其他活动，这些行为不停地混合交错在一起。

过去，年轻人曾经自豪地主张"做自己想做的事"。今天，更常见的说法是："我的小伙伴们怎么想？"不断地沉浸在社交媒体中会形成蜂巢思维。正如我们所看到的，似乎消费者在做出大大小小的选择或决定之前，如去哪里吃饭、穿什么衣服、喜欢谁，都要先由他或她所在的社交网络投票确定。

在许多情况下，消费者的确做了选择，但在他们在社交媒体发布照片、正式确定交易之前，这些选择并不"算数"。据我的许多学生说，他们不知道他们正在交往的人已经提出分手，直到他们注意到她（或他）在脸书上更改了他们的婚恋关系状态。

然后到下一个选择时，消费者又重复一次这个过程，蜂巢群体每天 24 小时都在运作，周而复始。事实上，《星际迷航》的铁杆粉丝很容易想到博格人（Borg）：一支安插在"集合体"（或巧合地称为"蜂巢"）上的无人机军队，他们无情地同化其他物种的技术并将其吸收到自己的网络中。至少对营销人员来说，博格人的战斗口号足以引起共鸣："抵抗是徒劳的。"

对我们所说、所买或所做的几乎所有事情的持续反应，把我们推进了一个永恒的反馈循环。我们自己的满意度似乎在很大程度上取决于我们社交图谱中的其他人宣称这是一个好的还是坏的选择。[26] 消费者似乎在质疑："在没有听到别人的评论前，我怎么知道我是否满意？"

3.4.1 社会化评分：你发的帖子等同于你

社会化购物热潮的一个必然结果是，消费者越来越多地将自己和自己的选择置于集体的监督之下。蜂巢思维是双向的：消费者渴望了解有关他人选择的情报，同时，他们也欢迎他人对自己的选择进行评论。事实上，我们中的一些人不遗余力地精心部署自己给他人的印象。人们力求塑造最乐观、最令人印象深刻的形象，已经给"个人品牌经理"开创了一门山寨生意，这些经理人精心策划客户在网上发布的照片和帖子。[27]

为什么人们会发布那么多照片，记录宠物穿衣服傻傻的样子、在干洗店的自拍照、午餐时吃的一碗"冲浪碗"（Poké bowl）轻食沙拉？因为他们可以！智能手机已经把我们每个人都变成了一个纪录片导演，一个痴迷于关注"评论家们"如何评论自身生活的艺术工作者。

我们已经到了把报道活动看得比活动本身更重要的地步。许多人渴望这种在网上获得的认可，所以他们发布自己的视频以寻求评价，也许还急切地计算他们从之前的帖子中得到多少个"赞"。研究人员把这种持续进行的记录行为称为社会化评分。

FOMO 的诅咒

人们不断努力描述一种"完美"的生活方式，配上迷人的朋友或者出访异国他乡的照片，助长了一场无休止的 FOMO 游戏。在把自己的生活与这些经过美化的图像进行比较时，人们感受到无尽的沮丧。

易受 FOMO 影响的消费者似乎总是高度警惕，他们总是在互联网上搜索信息，以便在遇到麻烦前预测到可能发生的问题，随时迎接下一个社会挑战。这种几乎时时刻刻存在的警惕意味着营销人员需要更频繁地与他们保持联系，而不是发一两条简要的信息偶尔进入顾客的生活。就像你的消费者一样，你的数字资产需要"永远在线"，以确保顾客可以在他们准备好的时候收到最新的信息。任意一个时候！正如我在大学课堂上一次又一次看到的那样，市场已经让人们习惯期待实时满足，这意味着他们的注意力似乎每学期都在变短！

你，就是品牌

总是处于红色警戒状态是很累人的！难怪许多研究将使用社交媒体与各种心理健康问题联系起来，包括抑郁症、焦虑症和自尊心下降。[28] 是我的错：自从我在 20 世纪 90 年代初出版了我的第一版《营销学原理》教科书以来，我们就在其中纳入了一节名为"塑造个人品牌"（Brand You）的内容，向学生强调精心培育自己形象对职业成功的重要性。[29] 我当时并没有意识到，在自拍时代，"个人品牌"会成为那么大的话题。

但是，即使我们没有花钱购买专业的身份管理服务，许多人也似乎花了大量的时间来记录琐碎的日常生活，好像你的朋友相信你会急切地想知道你今天拿了你的干洗衣服。

在每个平常的日子里，人们向脸书上传3.5亿张照片，平均每分钟在脸书上分享130万条内容。除此之外，他们每天发送5亿条推文，在拼趣网发布1 400万件物品图片，在照片墙上传8 500万个视频和照片，并且仍然有时间查看2 500万份领英（LinkedIn）档案资料。[30]

哎呀！这是多么忙碌的一天！这种对数字信息系统的痴迷有助于我们理解一项令人瞠目结舌的调查结果：1/3的智能手机用户宁愿放弃夫妻生活也不愿放弃手机！[31]

对营销人员来说，新的全渠道消费者是一个让人喜忧参半的赐福。一方面，他们可能失去对客户搜索信息的来源地的控制，不得不与这种状态作斗争。这就是为什么营销人员要尽可能地跟踪消费者在他们的日常消费旅程中倾向去往何方，以便在他们回来的时候尽最大的努力出现在顾客眼前。

另一方面，也许我们的许多营销前辈都会为有这样一个踊跃参与的客户而感到兴奋！他们不会在遇到必须解决的问题的瞬间，就进入参与状态；他们更可能在很长一段时间内，仅处于信息收集模式。因此，重要的问题是："我的客户的问题何时会成为我的营销机会？"

网红经济

几乎所有能用上苹果手机的人都能够，而且可能也愿意在他们仔细记录自己的购买经历的同时，挖掘我们不断发展的、以视频为导向的文化。事实上，所谓的购物分享视频（haul video）大行其道，它们已经在YouTube上形成了一条分支。它们从属于一个范畴稍微宽泛一些的视频类别——开箱视频。开箱视频向你展示如何将产品从包装里取出，并将其安装起来。

现在网络上的影响者——网红，便是商业的新预言家。

他们不停地发帖，稳定地积累他们的在线社会资本。基本上，通过发布视频和吸引他人观看视频而获得的"接头名气"积累一段时间，他们就可以升级为（小）名人。通过巧妙地推广他们在线创作的产品评价，博主和播客可以获得大量的粉丝，并从浏览量和代言中获得收入。如果成功，因为在线上市场积聚了权力和合法性，他们还可以创造自己的个人品牌。

但随着互联网上人们的注意力持续时间越来越短，这些成名的时刻是短暂的。过不了多久，我们的注意力就会转向下一个小名人。许多渴望成为下一个佩雷斯·希尔顿（Perez Hilton）或金·卡戴珊（Kim Kardashian）的博主会非常感激艺术家安迪·沃霍尔（Andy Warhol）早在50年前承诺的预言："每个人都能出名15分钟"。显然，诸如在2017年超碗杯凯蒂·佩里（Katy Perry）表演中意外走红的笨拙的鲨鱼扮演者，或者英国YouTube明星苏菲·汉娜·理查森（Sophie Hannah Richardson），这些曾经爆红一时的小明星会同意沃霍尔的观点。

浏览亿贝（eBay）这样的拍卖网站时，发现有人有意购买猫王塑像或二手劳力士，会提高浏览者的兴趣，并刺激竞标者报出他们在传统零售环境中可能不会考虑花费的较高额的竞价。同样地，当团购网站高朋（Groupon）（或在本章麦迪逊案例中的闪购网站Gilt）展示在过去24小时内有多少人购买了某项交易时，消费者容易产生一种稀缺性的错觉，也激发了跃跃欲试的冲动。

2001年，罗伯特·普特南（Robert Putnam）出版了富有争议的《独自打保龄：美国社区的衰落与复兴》一书，他哀叹因为我们中的大部分人转向追求在线上或线下一个人孤独度日，导致传统社会机构解体。[32]

然而时过境迁，情况发生了很大的变化！在普特南的书出版后的20年里，数百万人发现了社交媒体的强大黏性。至少在数字意义上的世界里，我们中的大多数人都不是孤独的。就像珍惜自己的关系网络的新型消费者一样，我们中的许多人似乎不再是独身一人打保龄球。那有可能通过组委会结伴来打保龄球吗？

如果有什么不同的话，就是我们中的许多人深受网瘾之苦，即便我们在新冠疫情大流行中与世隔绝时也是如此。"社交网络成瘾症"引发的担忧持续增长。[33] 韩国政府估计韩国 20% 的人口有网络成瘾的危险，它将一些年轻的"上瘾者"送到特殊的营地，在那里他们可以安全地戒掉网毒。[34] 一些大学赞助"社交媒体戒毒"活动。我要求我的学生在 48 小时内不使用社交媒体，并就他们的经历写一份报告。无一例外地，他们感谢我迫使他们经历这种痛苦的体验，因为他们意识到自己对网络的依赖是那么过分。当然，并不是说他们因此就永久远离网络。

3.4.2 面向蜂巢思维的营销

我们不应该将麦迪逊的毕业舞会购物之旅简单地视作年轻一代缺乏持久注意力的一个例子，或者看成我们所知的文明要终结的标志。她来回穿梭于线上世界和线下世界的分隔边界，反映了在过去熟悉的消费者线性决策模式迅速退出历史舞台的大环境下，企业所面临的挑战和机遇。"永远在线"的决策环境颠覆了我们过去重视的对顾客在何处、何时以及为何参与消费的许多假设。

根据一项研究，人类的大脑平均每天接收约 34GB 的信息。这足以让一台笔记本电脑在一周内不堪重负。[35] 如前所述，过度选择并不是一件好事，因为当有太多的选择时，我们的决策质量会下降。

未来学家斯图尔特·布兰德（Stewart Brand）在为不受约束的互联网辩护时，提出过一个著名言论："信息想要免费。"然而，很多人不知道他接下来说的后半句是"信息的代价（也）是不菲的"，因为信息是如此有价值。[36] 他指出的悖论是，如果我们不能利用所有这些惊人的内容的价值，其价值就会丧失。

随着我们所有人可获得的信息量如瀑布般倾泻而出，我们对信息采编人、信息综合处理人、信息把关人（不管你怎么称呼他们）帮我们去芜存良的需求也在增加。蜂巢思维会因为有过多的选择而被击垮。当然，信息希望是自由的，但当你试图找到那件完美的衣服时，无秩序的混乱状态是行不通的。

信息综合处理简化了消费决策

雪崩式的信息量对营销人员意味着什么？很简单，内容策划与内容创作同样重要，甚至更重要。例如，全球有超过 6 000 万名销售顾问在多层次营销行业（MLM, multi-level marketing）中担任分销商。[37] 他们代表数百家公司（许多人不止为一家公司工作）用直销模式销售多种产品，从存储解决方案特百惠（Tupperware）到清洁产品安利（Amway），再到膳食补充剂和护肤品 Modere 等。在每个垂直领域内，分销商需要与其他直销公司以及销售类似产品的商店，围绕客户的喜好展开竞争。

但是，正如我们所见，今天的消费者被过多的选择压得喘不过气来——他们缺乏探索众多选项并作出明智决定的意愿甚至认知能力。因此，成功的直销代表的新角色是成为品类专家，也就是能够筛选出大量的信息，并根据每个客户的需求做出明智建议的人。这种角色在保健品等正在发展的垂直领域尤其重要，销售代表需要一定程度的技术专长，以确保产品不会引起有害的副作用。

这种信息综合处理功能对急于简化生活的消费者来说也是至关重要的。像近藤麻理（Marie Kondo）这样的生活方式大师宣扬收纳整理的好处。无数的文章和 YouTube 视频展示"小技巧"或捷径，以帮助我们尽量减少花在待办事项上的时间。杂志和博客发布最佳餐厅、雇主、过山车以及你能想象到的其他任何东西的"十佳"名单。具有讽刺意味的是，随着我们获取更多的越来越好的生活资料，我们对资料进行整理和编辑的需求也在增加，只有满足这种需要才能让所有这些数据变得有意义。

网络影响者积累那些假以时日可以让他们晋级为（小）名人的在线社会资本。通过巧妙地在网上推广他们的产品评价，博主和视频播客可以获得大量的粉丝，并从浏览量和代言中获得收入。你可以主动寻求这些中间自媒体，但要注意：如果与自媒体的合作尝试过于公开，会适得其反。

内容综合处理功能的首要性也将传统的销售人员提升为更值得信赖的顾问，客户可以向其寻求建议。特别是在新冠疫情大流行之后，当许多商品的购买性质发生深刻变化时，我们可以预期能全盘处理信息的销售人员将变得更加重要，因为越来越少的人涌入实体商店，在货架上体验我们的零类接触关键时刻。

反过来说，企业需要重新思考这些信息处理策展人（curator）的甄别、培训和薪酬机制。传统零售业中的一大讽刺是，大多数价值数百万美元的企业依赖其报酬最低的员工的素质来维护消费者的体验。随着销售人员的角色变得越来越重要，这种情况必须改变。我们看到，在新冠大流行暴发后的几个月里，包括西维斯健康公司（CVS）、塔吉特和沃尔玛（Walmart）在内的零售商开始为员工提供适度的加薪和福利。[38] 请记住：至少在人工智能技术变得更加先进之前，相对于网上商店而言，传统零售商仍然可以保有的少数竞争优势之一就是，由值得信赖的销售人员引导消费者穿过迷宫般的卖场而产生的附加值。

营销人员是策展人

我们都很清楚，不是所有的产品都能成功。事实上，绝大部分产品都没能成功离开研发部。不是每个服装品牌、每张新专辑、每款风味的薯片或每盏灯的设计都可以成为市场上火爆的产品。尽管有些消费者可能勇敢地尝试，但他们并没有时间、网络带宽或金钱去购买他们想要的东西。他们需要系统中的代理人为他们筛选，以免过度选择像海啸般冲垮他们。想象一下，海量的选择涌入一个巨大的漏斗，只有相对少的一部分选择从漏洞的另一端涓涓流出，供消费者考虑。

对信息把关人的需求解释了为什么业余博主和网红成为服装、科技产品和葡萄酒等形形色色行业中不可忽视的力量。与一些观察家声称的相反，时至今日我们仍然需要"专家"帮我们对海量选项进行筛选。不同的是，专家库人选不再局限于传统上掌握权力的那些人和机构，诸如包括大学教授在内的"知识精英"和《时尚》等老牌出版物。

叮叮叮！这就是营销代理粉墨登场、作为策展人为顾客提供价值的地方。除了他们的其他工作头衔外，营销代理人中的许多人可以被视为文化鉴赏家或潮流缔造者，他们的言论对我们选购产品有很大影响。他们在市面上的信息传播过程中，对泛滥的信息去莠存良。信息把关人包括电影、餐馆和汽车评论员、室内设计师、音乐节目主持人、品牌经理、零售产品消费者、杂志编辑，还有越来越多痴迷地关注和分享最新的八卦、时尚、电视和电影情节以及其他流行文化片段的粉丝们。社会学家把这类代理人称为"流量部门"。[39]

策展人的可信度

但这里有一个转折：现在许多新的信息筛选者是算法，因为 AI（人工智能）应用程序占据了策展舞台的中心，筛选大量的数据并向我们推荐选项。例如，像"我们是旅游女生"（We Are Travel Girls）这样的初创公司，以女性旅行者为目标顾客，持续学习客户的偏好，因此他们可以为挑剔的度假者量身定制旅游推荐方案。[40]

这种巨大的变化不仅对专家意见的传统中心地位是一个挑战，也为新的市场参与者提供了黄金机会。今天，资历认证，也就是证明根据某种标准某人事实上有资格对什么是"正确"着装样式、最好的葡萄酒、最先进的技术等发表意见,有巨大的市场价值。

这种信誉之争的一个例证是科技领域授予微学位(或纳米学位)的趋势。由在线教育公司 Coursera 和优达学城(Udacity)等在线教育颠覆者提供的认证,绕过了传统的高等教育机构。微学位证明了具备雇主所需要的某一特定技能方面的专业知识,但不需要支付整个学位课程的费用。[41] 新冠疫情的大流行极大地推动了在线平台的发展,因为很多人争先恐后地重新装备自己,或者只是为了从狂热地在奈飞网追剧中抽身出来,学习新的东西。在封锁后的几个月里,大型学习平台的注册人数增加了 400% 以上。[42]

类似于"行会问题",关于谁才是公认的专家,从而有资格指导消费者的选择,这类问题正困扰着不同的领域。例如,美国国家力量及体能训练协会与当下新兴的健身房在身体调理方面的角力;精神病学家与社会工作者;甚至正统的犹太教教士(rabbis)与犹太教其他分支的教士,在证明"一个人是否为犹太人"方面的权利之争。将来肯定会分出赢家和输家,但我们可以预计市场对提供这些服务的代理人的需求会越来越大,有许多机会等待着那些意识到这种需求,并采取行动填补这一不断增长的市场空白的公司。

综合处理信息的策展工作对于理解消费者日常发布的大量营销信息也至关重要。Web 2.0 的双向互动性把整一代被动的互联网消费者转变为主动的互联网生产者。这些业余的内容创造者全天候上传大量的"东西"。今天,几乎任何人都可以为自己喜欢的产品拍摄广告,或者更糟糕的是,上传他们对不喜欢的品牌的抨击或嘲讽。

行业门槛的崩塌让许多广告业从业人员感到担忧。他们看到消费者生成内容的浪潮即将吞噬他们,并担心他们很快就会失去工作。当业余爱好者可以自己拍摄大众喜闻乐见的广告,在 YouTube 上获得成千上万的浏览量时,谁还需要文案和艺术总监?

多力多滋（Doritos'）在这种业余模式上的成功说明为什么专业人员会担心。该品牌对外众包的"撞上超级碗"营销活动在过去十年的运行中取得了巨大的胜利。这项活动允许个人提交自己创作的多力多滋广告。获胜的广告在超级碗这个广播广告圣地的黄金时段播出。

为什么要担心新手用小额预算拍摄的稚嫩的广告？很简单——获胜的广告片每年都能挤进当年《今日美国》广告排行榜前五名，其中四次甚至获得了第一名的排名。

但是冷静下来看，即使是像"撞上超级碗"这样的活动，也需要许多专业人士的投入，他们慧眼识珠，在普通人提交的成千上万的参赛作品中，挖出少数珍品。正如国家足球联盟的市场总监在谈到多力多滋广告时指出的那样：

> 众包对广告代理机构不再构成威胁的原因之一是代理机构仍然在发挥作用……你仍然需要人们来组织众包。"撞上超级碗"的出现并不是因为消费者决定要做这件事。这个项目之所以产生，是因为有人有这个想法，组织它，让它得以进行，并提供工具……随着更多个人创意通过众包得以实现，代理机构的世界与以往一样，甚至可以说比以往更有价值。[43]

结果是，营销专家不再制定所有的规则，但你仍然可以决定谁来玩这个游戏。每个消费者所面临的海啸般的信息，使个人和企业产生了过滤掉至少99%的噪音的需要。不管你喜不喜欢，世界上有太多让大脑麻木的东西，即使是我们中最脑残的人，也只能看这么多可爱的猫咪视频。

向综合处理信息的营销策展人致敬！

本章启示

- 持续的信息轰炸造就了永远在线的消费者，他们不再遵循系统的、线性的方式做出大多数决定。
- 消费者认为他们想要更多的选择，但他们真正想要的是更少，但更好的选择。
- 今天，"通过组委会购买"的行为日渐普遍，因为年轻的消费者听从由大型数字社区成员组建的蜂巢思维，社区成员分享他们的知识和意见，使大家参与到一个持续的反馈循环中。
- 消费者不太可能在商店的货架现场或电子商务网站上做出购买决定，因为消费者对他们的备选方案进行了更多的研究，而且通常在抵达将购买的地方之前，就已经做好购买决定了。
- 如果顾客在决策和购买过程中遇到阻碍，再有说服力的报价也会失效；绝大多数在线销售未能成功的原因是消费者放弃了他们的购物车。当务之急是找出这些阻碍顾客的痛点，并尽你所能减少障碍。
- 如果消费者是群体中的一员，他们对风险的容忍度会发生变化。应通过促进社交活动和提供其他类型的奖励，鼓励你的顾客参与群体购物。
- 随着顾客评分服务和企业评分服务的兴起，交易双方都会感到更大的压力，规范自己的行为或提供良好服务。
- 颇有讽刺意义的是，互联网的民主化增强了市场对专业人士的需要，以便筛选和综合处理有价值的内容。这就是为什么在庞大的市场生态系统中，提升你所扮演的策展人角色的价值是很重要的。

第 4 章

无视传统与线上模式之争的消费者

几乎从人们公认互联网不仅是一股风潮的那刻起，营销人员就开始探索这个诱人的新领域。大多数人都在小心翼翼地摸索。鉴于当时能力有限，我们仍需要拨通一个古怪的调制解调器来上网（我的学生无法想象这个情境），谨慎摸索是明智的。在那个时候，网络营销意味着你非常新潮，拥有自己的域名。

随着网络速度越来越快，覆盖面越来越广，全球数十亿人都成了网民，而且最重要的是，现在我们可以在网络上与公司进行双向交流。但随着网上购物开始兴起，许多零售商担心实体店很快会被淘汰。讨论的议题从一家商店是否应该扩展电子商务业务，演变为应该在电子商务和实体店之间投入多少时间和金钱，再到电子商务业务是否会蚕食实体店的销售份额。

时至今日，特别是在新冠疫情进一步扰乱了人们的购物习惯之后，对一些人来说，这场辩论又回到了原点：我们是否应该费心费力地开展线下业务？最近，我们看到出现了许多没有任何实体店面的纯零售商，如ASOS、沃比·帕克（Warby Parker）、Birchbox、Zalando（德国零售商）、亿贝等许多其他商城。但即使是纯粹在网上经营的商家（如沃比·帕克和Birchbox），在某些情况下也想涉足实体店领域，甚至电子商务巨头亚马逊也在尝试不同的实体店的形式。

4.1 永远在线的数字原住民

关于实体经营和网络经营的争议无疑还会继续，但是这一争论是建立在错误的二分法基础上的，因为如今的变色龙消费者早在多年前就已经不再局限于线下和线上了。

在网络出现的初期，第一批网民（是我们 30 岁左右时）要有意识地决定"上网"。他们需要付出相当大的努力和耐心，确保嘈杂的调制解调器连上线，然后等待屏幕加载几分钟，才能上网。我们当中一些坚毅无畏的人一天中无数次上线和下线，因为总是不由自主地就断网了。但是，无论我们尝试过多少次这种艰险的经历，我们总是知道自己的状况：我们要么离线，要么在线。

现在已经不再是这样了。

我认识到这点是因为我是一个沮丧的祖父。我的三个可爱的小孙女住在洛杉矶，而我们住在费城，不太方便经常探访她们。然而，我的妻子和我经常跟他们视频通话，所以他们早已习惯在屏幕上看到我们。这与我幼年在远离祖父母的地方长大，时不时在电话中听到他们空洞的声音，肯定是不同的体验。

有一次，当我正在与她们进行视频通话时（顺便说一下，这项技术最早在 1964 年的世界博览会上就面世了），我突然想到，孩子们一直都可以在屏幕上看到我们。对他们来说，这并没有什么特别神奇的地方。有时他们在屏幕上看到我和我的妻子，有时则是面对面见面。这没什么大不了的区别。

今天的数字原住民几乎随时无缝地穿越线下和线上之间的界限。他们通常同时生活在这两个空间，在看电视、刷脸书、听流媒体音乐，甚至有时在做家庭作业时，同时处理多项任务。他们不会分裂地看待自己的实体的身份和数字身份。根据 2019 年进行的一项调查，18～29 岁的调查对象中大约一半的人（48%）说他们经常上网，46%

的人每天上网多次。这个比例比 2018 年上升了 9 个百分点，所以你可以看到事态的趋势。[1]

我们中的其余人也有可观的登录时间记录——平均每个成年人每天在社交媒体上耗费近两个小时，这意味着一生中总共花费 5 年 4 个月。你在相同的时间内可以从地球往返月球 32 次，或者如果你愿意，可以遛狗约 93 000 次（可能同时你还可以用智能手机听 XM 卫星广播）。

我们花在看电视上的时间更多——平均每个人一生中看电视的时长 7 年 8 个月，但鉴于目前的趋势，不久之后花在社交媒体上的时间就会超过电视，特别是越来越多停掉有线电视的人其实是转移到移动设备上观看他们的电视内容。[2]而且，这里统计的数据还不包括我们花在电子商务网站、维基百科以及其他咨询网站或交易网站上的时间。

从"线下与线上模式对抗"到"线上与线下模式融合"

我的孙女的故事就谈到这吧（除非你还想看一些照片）。言归正传，这个小启示与我们投资实体店或与线上经营策略有何关系呢？毕竟，在新冠疫情撼动我们的世界之前，我们就听到了许多关于所谓零售末日的说法，许多熟悉的连锁商店和购物中心将会大规模关闭。新冠疫情确实是压垮许多摇摇欲坠的老牌零售商的最后一根稻草。随着社会逐渐复苏，消费者是加倍依赖在网上购物的习惯，还是戴着口罩蜂拥回归幸存下来的商店，还有待观察。

我不相信实体零售业已经死亡，尽管它肯定不会像新冠大流行之前那样兴旺。但这并不是什么新鲜事。几十年来，我们一直在教我们的学生所谓的"零售之轮"，商品的销售形式会随着时间的推移而演变，新的形式会取代旧的形式。百货商店取代了普通商店。特价商店削弱了百货商店的影响力。品类杀手（Category killers）摧毁了很多专卖店。售货亭和快闪店（pop-up store）导致了零售业业态的大屠杀。这是带有特价标签的进化，而不是恐龙化石。

尽管我们对商店的定义可能会改变，商店总是有它的作用，因为它们可以提供附加值。至少在不久的将来，人们在M&M世界、美国女孩商店（American Girl Store）或在REI攀岩墙获得的购物体验仍无法在网上完全复制。

购物可以满足多种需求，包括社交和触觉刺激。年轻的消费者实际上更喜欢在实体店购物，而不是在网上购物（尽管他们最终可能在网上订购商品）。[3] 事实上，我认为到实体店购买非必需品将成为一种类似购买奢侈品的消费体验。大多数消费者将无力负担那些需要销售人员完成的服务，销售人员已经转型为那些幸存下来的商店的高薪购物顾问，通过预约服务的方式等待顾客的惠顾。

但我在这里想说的让以上观点变得不重要。新的混合型变色龙消费者使得关于实体店和电子商务的争论变成陈词滥调。在线下购物和网上购物（或约会、学习和其他活动）之间划清界限不再有意义。简单地说，我们大多数人不再有"上网"的概念。我们整天都在网上，有时甚至整晚都在网上，就像我们同时大部分时间都处于离线状态一样。这意味着购物体验必须成为实体体验和数字体验相结合的混合体。

传统的店面业务需要提供数字原住民所期望的环境。这意味着将数字技术整合到商店的通道中，如触摸屏、信标，甚至可能是全息销售人员。当然，现在很多零售商都认识到多渠道战略的重要性，允许客户以多种方式购买他们所销售的产品，如在实体店、网上、通过电话等。[4]

然而，除了几家典型例外，这些零售商并不倾向于将这种逻辑应用于购物体验。他们满足顾客需求的业务发生在21世纪，而他们执行的商品销售流程可能还停留在19世纪。

在实体世界和数字世界之间无缝来回转换的能力，是当今技术环境的一个标志。只要问问任何一位教授就知道了，他的学生是不是一边用一只耳朵听课，一边查看他们的社交媒体帖子，或者问问那些在新冠疫情隔离期间，被推介初次使用Zoom和谷歌环聊（Hangouts）群聊的人。

科技公司英特尔（Intel）把物理上真实存在的人向数字世界扩展的现象称为"链接视觉计算机技术"。对我来说，它是一个挑战，我得做些什么才能让埋头于电子设备的学生把头抬起来。我甚至曾考虑过跳踢踏舞和提供免费啤酒。

与其把离线与在线看成非此即彼的两极，不如让我们顺应潮流，描绘一幅更现实的画面：想象一个消费者日常在这些环境中进进出出，而且经常同时存在线下和线上状态。那么，我们的工作就是更好地理解这些消费者的体验是什么样子的，并仔细思考如何部署我们的资源，以确保在任何时候，无论我们的顾客在哪里，我们的品牌都能得到充分的呈现。

希望与年轻人对话的营销人员尤其需要成为"现实不可知论者"。因为年轻人会在一天中多次在现实身份和数字身份之间来回转换，营销人员必须追踪这些消费者。这意味着企业要确保在所有的平台上投射出一致的形象，并且要整合消费者在所有平台渠道上体验。例如，诺德斯特龙（Nordstrom）在其鞋类部门开展一项促销活动时，员工参照拼趣网上消费者最热衷拼图的商品，给商品贴上标签。[5]

如果我们能稍微调整一下我们的思维，我们就能跟上地球上最成功的数字公司的步伐。最近三项相当重要的战略收购，相当明显地反映了这些公司对未来的思考。

（1）微软付出25亿美元，收购了一家大受欢迎的瑞典线上游戏网站——Minecraft。

（2）亚马逊支付了9.7亿美元（现金）收购了一家拥有超过5 500

万用户的视频游戏直播网站——Twitch。这家公司就像视频游戏版的YouTube。

（3）脸书花费20亿美元收购了一家生产虚拟现实头戴设备的初创企业——Oculus VR。

高额的收购款除了震撼一些非常兴奋的企业家之外，这些收购还强烈地暗示我们作为消费者的世界将发生怎样的变化。每笔交易都表明，随着这些公司不断丰富新的视觉界面，他们计划着扩展和改变我们与数字环境的联系。

多渠道的变色龙消费者已经准备好了。你准备好了吗？

4.2　在数字环境下接触线上与线下消费者

如果你意识到你的客户在线上和线下对你的关注度一样，或者可能在线上对你关注度更高，你就有了一个良好的开端。但事情并非如此简单。事实是，与他们更多地关注自己在现实世界的身份时相比，在他们更多地关注数字身份时，他们会对自己有不同的思考并采取不同的行动。例如，一个在现实世界中内向的消费者，可能会在网上闲逛时变成一个冒险家。她甚至可能有不同的隐藏身份，连她在现实世界最亲密的朋友都不知道她这一面。这就是为什么在挖掘那些我们一直讨论的角色时，考虑多重"现实"是很重要的。

4.2.1　你的消费者有独特的网络身份

我们的网络世界将"战略性自我展示"的过程提升到了一个新的高度。[6]我们可能仍然需要训练有素的外科医生来重塑一个令人烦恼的鼻子，但我们可以自己进行其他改造。当涉及我们在数字平台上表达的身份时，尤其如此。

尽管看起来可能很奇怪，"数字自我"是营销人员需要理解的一个重要概念。随着我们花在网络世界的时间越来越长，我们的网络身份对我们如何看待自己也变得更加重要。

我们从几十年来的大量研究中得知，我们对自己的感觉以及我们选择向他人展示自己的方式（社会学家称之为"印象管理"的过程）对我们购买的东西或回避的东西有巨大的影响。现在，不管是为用哪张照片作为脸书头像合适而烦恼，还是在网上与他人互动时小心翼翼地选择一个数字头像来代表自己，这些决定及其影响都会跟随我们进入网络领域。

在过去，一个女人可能会在百货公司将自己"改头换面"，或者到商场里的"魅力写真馆"（Glamour Shots）里坐一坐，拍张照片，暂时变身为选美皇后。已故的休·赫夫纳（Hugh Hefner）大部分的财富要归功于他的员工的能力。他们从20世纪50年代的玛丽莲·梦露开始，为《花花公子》的插页女郎拍照。这些经过精心修饰的女性实际上并不存在，至少不是长得像她们在杂志上出现的那样。

我在曼哈顿的几家大型时装模特经纪公司进行研究时，经常被在走廊里遇到的各种"超级模特"的外表所震惊。不可否认，她们是很有魅力的女人，但是她们与照片拍摄进入"后期制作"后的样子完全不同。

今天，技术娴熟的青少年可以毫不费力地用Photoshop甚至Snapchat滤镜，制作出与超模拍摄过程类似的变装前后效果。因为我们可以使用在线的"后期制作"工具，这些工具赋予我们创造自己在照片中妆容的能力，实现变装效果。这些免费或廉价的应用程序几乎可以让任何人随意戏剧性地改变他们在数字世界的自我形象。我们小心翼翼地"修改"我们在脸书上发布的头像照片或在约会网站上分享的自我介绍。就像把更衣室的镜子稍加弯曲，让反射出来的人像看起来更瘦那样,有时候,商家的一些简单做法也可以帮助我们在自欺欺人的道路上走得更远。[7]

新的虚拟变装技术使我们每个人在选择产品来装扮我们的现实自我时,更容易融入数字自我。这些平台允许消费者在自己的脸部或身体的图片上叠加图像。这样他们无须承担首先购买实物的风险,就能快速、轻易地看到产品在他们身上的穿着效果。眼镜电商沃比·帕克允许消费者上传自己的照片,然后虚拟试戴框架。Perfect365 和 Facetune 等其他应用程序可以让你对照片进行美颜,在你把照片上传到照片墙或脸书供人欣赏之前,你可以去掉脸上的痘痘、皱纹甚至几磅肉。包括丝芙兰(Sephora)和玫琳凯(Mary Kay)在内的公司提供了仿真器,让女性消费者在购买前可以看到把这些品牌产品使用在她们脸上的效果。[8]

4.2.2 你的顾客正在线打游戏呢

谁知道呢? 也许你所熟悉的那个温文尔雅的顾客或员工,艾玛或鲍勃,此刻正扮演着流行视频游戏《堡垒之夜》中的女妖或叛徒角色,或者在《光环》中扮演高级先知。有很多"普通"人喜欢在业余时间寻找外星文物或射击兽人(或在工作时,但这是后面章节的故事)。

根据一项估计,全世界有超过 20 亿(是的,数以亿计)视频游戏玩家。虽然亚洲是游戏玩家的聚集中心,但在美国,我们也相当有代表性。事实上,在大约 60% 的美国家庭中,至少有一个家庭成员每周玩这些游戏的时间超过三小时。而且,不要再刻板地把游戏玩家看成是蜷缩在地下室、被一堆旧比萨饼盒包围着的有肤色问题的十几岁男孩。游戏玩家的平均年龄为 35 岁,大约四分之一的玩家超过 50 岁。

同样令人惊讶的是,这些玩家中有 40% 是女性。[9] 这也解释了为什么唐恩都乐（Dunkin' Donuts）、梅赛德斯–奔驰（Mercedes-Benz）、皮尔斯伯里（Pillsbury）和好奇（Huggies）等主流品牌积极地在这些游戏平台上做广告。营销人员喜欢接触这些环境中的用户，因为他们觉得用户在玩手机游戏时比在移动设备上进行其他活动时更放松、更快乐、压力更小。[10] 仅次于上社交网络，玩游戏是消费者使用手机最普遍的原因，他们平均每月玩手机游戏的时间为537分钟。

一些传统主义者可能认为视频游戏是反社会的。这也许是因为玩家似乎"迷失"在自己的世界里，或者是因为有些游戏要求玩家残忍地杀死尽可能多的"坏人"。然而，现实情况是，在线游戏在很大程度上是一种社会活动。游戏是互动的，通常涉及多个玩家，有时是数百，甚至数千个人！游戏有明确的参与规则，以及玩家互相鼓励继续玩下去的爱好者社区。这也有助于理解为什么到2022年，社交游戏的营收突破了1 960亿美元。[11]

角色扮演游戏（RPGs）是数字社会人际互动的缩影。无论是《龙与地下城》《魔兽世界》《英雄联盟》，还是其他许多游戏，这些游戏都将玩家带入一个幻想的世界，每个人都扮演着特定的角色。许多这类游戏号称在全球拥有数以百万计的玩家，因此赢得了MMORPG（大型多人在线角色扮演游戏）这样庞大的标签。

这还没包含正在蓬勃发展的电子竞技行业。在这个行业中，观众通常在大型体育场全神贯注地观看其他人玩竞技视频游戏。我个人感受不到在巨大的屏幕上观看一群游戏玩家操纵数字战士的魅力，但显然它吸引了很多爱好者。2020年，电子竞技团队从营销花费中获得的收入预计为4.65亿美元，全球电子竞技观众约为3.85亿人，而且还在攀升。[12] 在几乎一夜之间，拥有敏锐头脑和灵活手指的"极客"变成了体育偶像，拥有粉丝和利润丰厚的代言合同。

许多营销人员对将品牌与游戏故事相结合的营销思路仍然知之甚少。但包括斧牌（Axe）、宝马mini Cooper和汉堡王（Burger King）

在内的其他公司已经深谙其道：他们创造了让玩家沉浸于游戏活动的游戏叙述手法。在线旅游网站 Orbitz 上线了可以玩的横幅游戏，在他们所做的各种广告中，这类广告的点击率最高。在视频游戏《疯狂出租车》(Crazy Taxi)中，你可以把车开进一家肯德基，快速地吃上一桶全家桶。流行游戏《毁灭战士》(Doom)发售过一个代言麦片的版本，名为"奇克斯任务"(Chex Quest)，在游戏内容上调低了暴力程度，一举将通用磨坊公司的 Chex 品牌麦片销量增加了 200% 以上。《马里奥赛车8》(Mario Kart 8)中植入了奔驰广告，角色驾驶的是奔驰汽车。[13]

广告游戏（advergaming）的前景是光明的，网络游戏与互动广告相结合，使公司能瞄准特定类型的消费者投放。这些广告位可以是短暂的曝光。例如，出现在赛车道周围的广告牌，也可以采取冠名娱乐的形式，将品牌直接整合到游戏活动中。YouTube 和其他网站上用户生成的视频如雨后春笋般迅速发展，这为广告与视频的结合创造了一个不断增长的市场。这种策略发展得如此之快，甚至出现了一个（商标）专用词来形容它：Plinking™，专指在视频中嵌入产品或服务链接的行为。

为什么这种新媒体如此火爆？[14]

（1）与 30 秒的电视广告相比，广告主可以在更长的时间内获得观众的注意力。玩家在广告游戏网站上平均花费的时间长达 5～7 分钟。

（2）生理测量证实，玩家在玩游戏时注意力高度集中和兴奋。

（3）营销人员可以根据不同用户的情况来调整游戏的性质和相关产品。他们可以将策略游戏导向教育程度较高的高端用户，而将动作游戏引向较年轻的用户。

（4）这种形式给广告主提供了极大的灵活性，因为游戏制造商现在开发电脑视频游戏时，都会在其中留出空白空间，以便插入虚拟广告。广告主可以实时更改信息，并且仅为实际看到广告的游戏玩家的人次付费。索尼公司现在允许客户在PlayStation 3视频游戏中直接插入在线广告，游戏中嵌入的广告可以随着用户的网络链接情况而改变。

（5）追踪用户使用情况和进行市场调查的潜力很大。例如，动视公司（Activision）在电脑端推出游戏《托尼霍克之地下滑板2》时，编入了一个人耳听不见音频信号代码，每当查验到游戏玩家在游戏中观看吉普车广告位时，就会向尼尔森监测系统发出提醒。

4.2.3 你的顾客活在虚拟世界里

2009年，导演詹姆斯·卡梅隆的热门电影《阿凡达》让人类可以以另一种生命形式存在于另一个世界的想法广为人知。在电影中，一个身高10英尺（约3米）的蓝色类人生物生活在潘多拉星球上。阿凡达是一个印度教词汇，意思是神灵或被释放的灵魂在地球上的肉身形态，但在计算机领域，它指的是一个人的数字化身。

事实上，在电影上映之前，世界各地数以百万计的人已经在创造他们的化身，并在地球上的另一个世界里度过了无数个小时。早在2006年，《商业周刊》就刊登了一篇关于诸如《第二人生》的所谓虚拟世界的封面报道。这篇文章指出玩家通过购买和出售虚拟道具来装扮他们的虚拟角色和布置他们的虚拟住宅，赚取了大量真金白银。仅在那一年，《第二人生》就产生5亿美元收益，包括苹果、布洛克税务公司（H&R Block）和锐步（Reebok）在内的许多大型营销组织都在这个虚拟世界开设了广告或零售业务。[15]

欢迎来到元宇宙（metaverse）

时至今日，数以百万计的人在数字虚拟环境中互动。他们身体力行地破除了我们对现实与幻想的错误的二分法。现有的和新兴的技术能让许多顾客"幻想成真",不管他们的身体特征与他们的化身有多大差异(这就是为什么他们称之为幻想),他们都可以扮演其他身份。

你的一些顾客可能只是尝试新的(或"编辑过的"身份)。例如,有人"碰巧"在约会网站上发布了自己20岁时的照片,但其他人可能在扮演着你难以想象的身份。那个羞涩的50岁女士可能正在以丰满的年轻女演员的形象在虚拟世界中漫步。在现实世界中饱受青春期问题困扰的少年可能也像她一样(青少年在虚拟环境中采用与自己生理性别相反的化身,来尝试他们的在线性别身份是很常见的)。一个三十多岁的男人可能看上去像一条可怕的龙。这种可能性几乎是无穷无尽的。但是,如果你要设计出能够吸引他们的商品或服务,理解这些身份置换对你来说是很重要的。

欢迎来到元宇宙。

时光回到1999年,《黑客帝国》(*The Matrix*)牢牢抓住了我们的想象力。这部电影对未来的描述是,大多数人类将生活在由智能机器创造的模拟现实中。现在,随着诸如IBM的沃森(Watson)这样的人工智能(AI)应用变得越来越复杂,机器很快就会掌管我们的生活,这个想法不再那么遥不可及。

这部先驱性的电影(实际上是三部曲)没有虚构出人们居住在脱离其肉体的数字环境中的情节。这一殊荣属于科幻作家尼尔·斯蒂芬森(Neal Stephenson)。他在1992年创作的开创性小说《雪崩》(*Snow Crash*)中提出了元宇宙的概念。他将其设想为一个由我们的数字分身居住的集体虚拟空间。从本质上讲,这是一个对未来互联网的增强版愿景,在这里我们作为化身与我们的"朋友"互动,在网络空间中过着平行的生活。在斯蒂芬森最初的设想中,一个在"肉体世界"中卑微的比萨饼外卖男孩在进入元宇宙时,就变成了一个挥舞着剑的英雄。

《第二人生》《卡内娃》(Kaneva)、《怀维尔》(Whyville)、《哈宝》(Habbo)等虚拟世界的吸引力已经消退,特别是随着新的虚拟现实技术开始浮出水面(下文会详细介绍),它们日渐式微。然而,即使在今天,还有许多流行的虚拟世界,特别是针对儿童和青少年的虚拟世界比比皆是,如《岛屿任务》(Poptropica)、《卡通城》(Toontown)、《象鼻虫乐园》(Bin weevils)等。《第二人生》的研发者林登实验室(Linden Labs)在2017年推出了新的Sansar平台,让开发者能够创建自己的虚拟世界并将其套现。[16]

虚拟世界有希望成为促进企业培训、新产品开发、贸易展览、广告和购物等多种营销活动的平台。它们是可以延展到全球层面,鼓励员工和消费者在一个没有威胁的环境中互动的方式。这些身临其境的环境是理想的、低成本测试新设计风格和产品改版方案的场所。成千上万的消费者在网上发布自己的产品设计。如果你知道去哪里查看,意味着你找到了一个宝贵的营销情报来源。

利用虚拟世界力量的例子比比皆是,在此我只分享一个。图4-1中的截图来自我和同事为雅芳公司的新品牌马克(Mark)创建的一个虚拟世界。该公司有成千上万的分销商,他们相互交流的机会非常有限(除非他们花钱参加喧闹的年度大会)。销售主管通常在网上或在每月动辄有数百人参加的非个人电话会议上与这些女性联系。

作为一种替代方案,我们建立了一个虚拟的会议场所(配有马克品牌在现实世界中的主色调),让各个分销商与他们所在地区的其他人进行一对一的互动。每位女性都以化身身份进入房间。她可以与其他人交谈,也可以观看由马克的员工所做的展示演讲。至少可以说,结果是非常令人鼓舞的。许多参与者告诉我们,他们真的很感谢有机会与他们的同行建立更多的个人联系。普通分销商比较年轻,在销售或管理业务方面通常是新手。与其他同道中人建立联系是一个巨大的优势,有点像时下非常流行的"智囊团"(Mastermind groups)的数字版。[17]

第4章 无视传统与线上模式之争的消费者

图 4-1 雅芳公司马克品牌的虚拟分销商会议会场

4.2.4 美得不真实

目前，两股方向相悖的力量拉扯着时尚和美容行业的发展。一方面，"身体正能量"掀起的一股思潮，反对通过修图软件修饰的过度理想化模特形象，支持为鹰巢（Aerie）和第三爱（Third Love）等内衣品牌代言的"真人"模特，尽管这些模特身上有着凡人的瑕疵。我们将在后面的章节中更深入地探讨这一重要趋势。

但另一方面，我们也看到数字创造的虚拟模特，他们甚至比经过修图软件处理后的有血有肉的人更加完美，还出现了专门从事数字创作的模特经纪公司。日本人工智能公司 DataGrid 等几家公司创建的模特极其逼真。[18] 因为这些系统几乎可以创造出任何脸部和身体，它们有可能大幅削减成本，但也会让许多模特失业。

人工智能的浪潮已经席卷了高端时尚界。巴尔曼品牌（Balmain）有一支"巴尔曼军团"，包括电脑三维动画（CGI）合成的模特 Margot、Shudu 和 Zhi，他们展示了 BBox 系列的最新设计。世界上第一个数字超模 Shudu 拥有成千上万的照片墙粉丝。而虚拟网红 Miquela 可能是最成功的一个数字模特：2018 年，"她"与普拉达（Prada）合作，在米兰时装周上发布了自己在米兰时装展的 3D 合成动图。在这家奢侈品公司的照片墙账户上，她会带领粉丝在这个空间展开一段简短的旅行。Miquela 身穿巴黎世家（Balenciaga）和高田贤三（Kenzo）的时装登上美国主流刊物《视觉生活杂志》(*v magazine*) 的封面，她甚至还发行了一张唱片。《时代》杂志将她评为互联网上最有影响力的人物之一。[19]

4.2.5　隐私与公开：网上的公平游戏

信不信由你，曾经有一段时间，即使是名人和公众人物的私人生活也是神圣不可侵犯的。在民间可能已经传开了关于肯尼迪与玛丽莲·梦露及其他女性的暧昧关系的谣言，但新闻媒体尽职尽责地对这些传闻视而不见。转眼到了 1998 年，我们对关于比尔·克林顿和莫妮卡·莱温斯基的绯闻报道避无可避，各种细节，甚至那条著名的污迹斑斑的蓝裙子都被披露在公众面前。[20]

因此，现在我们理所当然地认为名人受攻击是公平的游戏，非法录制隐私视频泛滥的市场交易就证明了这点。[21] 但是，情况变得更严峻了。现在，似乎连普通公民都无法期望保有合理的隐私，间隔开他们在"下班时间"和"上班时间"的活动。

任何人只要能愚弄系统，就能广泛地获取大量数据，这也凸显出随着我们的私人生活变得公开化，另一道屏障也在不断崩溃。一首乡村歌曲曾唱道："没有人知道紧闭的门后发生了什么。"你可以从你的播放列表中删掉这首歌了。

如今，有证据表明，像 Siri 和 Alexa 这样的"守护天使"会监测我们的"秘密"行为和欲望，并把这些信息送回总部。[22]

早在 1999 年，太阳微系统公司（Sun Microsystems）的首席执行官就引起过一场轰动。他对一群记者和分析师说："反正你们没有隐私。想通点吧！"[23] 转眼 20 年过去了，我们中的许多人似乎都经历了这个过程。

我们私人生活和公共生活之间的传统界限正在迅速被侵蚀。在某些情况下，普通人没有意识到政府和数据经纪公司对他们掌握了多少信息。在其他情况下，我们心甘情愿地提供这些信息，因为我们中数以百万计的人兴高采烈地发布自拍照、照片墙照片和私密博客，暴露了我们私人生活的多方面情况，而这些在过去曾经是隐私。

可以肯定的是，我们不会不战而降。显然，就算是他们自己同意放弃了自己的大部分隐私，隐私被侵犯也是许多人最关心的问题。根据皮尤研究中心（Pew Research Center）的报告，超过 90% 的美国人"认同"或者"强烈认同"，人们对其个人信息已经失控了。大约同样比例的人表示他们不相信政府、社交媒体平台或其他外部机构会保护他们的数据。[24]

但与此同时，这堵曾经强大的墙似乎正在被不断侵蚀，新一代消费者已经习惯于有条件地接受隐私曝光是不可避免的。有趣的事，我经常要求我的学生谈论他们对在线隐私的关注。我得到的最典型的回答是："任何上网的人都知道他们发布的内容并不是隐私。如果你不想让别人知道你的情况，就远离社交媒体。"

作家肖沙娜·朱伯夫（Shoshana Zuboff）将我们目前的状况描述为"监控资本主义"。她观察到，"这种新的市场形式宣称，满足人们的真正需求不如出售对他们行为的预测有利可图，因此也不那么重要"。尽管是默示的，这种交易很简单：我们同意放弃假装我们保有对私人生活的隐私，作为交换，我们获得了便利和与他人的联系。[25]朱伯夫指出了许多科技公司购买我们内心深处的想法和欲望的例子。例如，她注意到脸书发给广告商的一份文件，声称该平台可以准确识别年轻用户何时会接受"自信鼓励"。

4.3 在实体环境中触达线上与线下消费者

4.3.1 普罗蒂斯效应

随着我们在数字世界中花的时间越来越多,当我们转换到离线模式时,我们在线上的行为不可避免地会跟随我们延伸到线下生活。我在斯坦福大学的同事杰里米·贝伦森(Jeremy Bailenson)将此称为普罗蒂斯效应(the Proteus effect,普罗蒂斯是希腊神话中一位能变形的神)。我们在虚拟环境中的经历会改变我们回到实体状态后的思维和行为方式。[26]

例如,在一项研究中,如果人们发现一个与自己相似的虚拟形象化身在锻炼,他们就更有可能在现实世界中提高自己的体育运动强度。[27] 在另一项研究中,以英俊的虚拟形象进入第二人生的虚拟世界的大学男生,在回到线下环境中遇到有魅力的女学生(实验者的助手)时,更有可能表现得自信和果断。[28]

普罗蒂斯效应为营销人员提出了一些有趣的问题。首先,它让我们注意到,我们在虚拟世界中与品牌相关的互动,会在我们回到现实生活中时,塑造我们对这些产品的看法。回顾我们对广告游戏的讨论,以及对视频游戏中营销传播和产品植入的影响的探讨,此处也适用相同的逻辑。将一部分促销预算分配给虚拟环境可能是有意义的。毕竟,在这些界面中播放广告要比在现实世界的广播网络中播放广告便宜得多。

4.3.2 残疾人的新天地

想想看,残疾人是美国最大的少数群体市场。每 5 个美国成年人中就有1个患有影响日常生活的残疾。美国人口普查局报告称，5 400万成年残疾人每年消费近2 000亿美元，但是鲜有企业关注这一庞大群体的独特需求。足足有1 100万美国成年人的身体状况让他们难以离开家去购物，所以他们几乎完全依靠目录和互联网来购买产品。

许多人行动受限，无法方便地进入商店、娱乐场所、教育机构和其他场所。身体上的行动限制或毁容会带来真实的或臆想的耻辱，从而导致自我概念和人际关系可能出现问题。依靠轮椅行动的人在试图进入商店、在过道上走动或进入狭小的更衣室时，常常受挫。还有一些人患有精神疾病，如在公共场所过度焦虑。

先前的证据表明，我们在虚拟世界的经历可以塑造我们在"现实世界"的自我概念。这给在身体上行动不便的特殊人群带来了治疗的希望，也提供了营销实践的启示。

对于残疾人、患有创伤后应激障碍的退伍军人或任何在线下世界中行动不便的人来说，虚拟环境可以改变他们的生活。例如，试想一下，成千上万的残疾人在指定聚集地点光顾"第二人生"这类虚拟世界，他们的自尊和生活质量就有可能得以提高。

当他们化身为步履稳健的虚拟形象时，突然之间，那些在现实生活中患有脑瘫或其他衰弱疾病的人可以轻松地交谈、调情、跑步，甚至跳舞。利用虚拟技术，帮助这些人消除与其他消费者和公司互动的障碍，你会改善很多人的生活，也会改善你的底线。

4.3.3 利用增强现实技术获取线上与线下消费者

想象一下，在你按下呼叫灯之前，空姐就知道你想要什么。新西兰航空公司向机组人员发放了一款头部穿戴设备，使他们可以在看到现实世界的同时看到全息图。当空姐看向乘客时，头部穿戴设备会显示乘客的详细信息，包括他们喜欢的餐点和旅行的原因。该设备可以显示一系列的个人信息，包括这个人距离上次喝酒间隔多久了。这家航空公司希望工作人员甚至能够通过面部表情或心率等线索察觉出乘客的情绪状态。[29] 这是增强现实（AR）技术的一种新应用。

"增强现实"一词是指在一个真实对象上叠加一层或多层数据、图像或视频的数字信息的媒体。虽然我多年来一直在向营销人员兜售增强现实技术的好处（主要是面对不解的目光），但自从几年前《口袋妖怪 Go》(*Pokémon Go*) 游戏热潮暴发后，提出这个观点就变得容易多了。突然间，当想到寻找潜藏在熟悉的地方的毛绒绒的生物时，每个人似乎都"明白"增强现实技术是如何工作的。

但你不必为了了解增强现实的力量而掌握如何使用你的智能手机来发射一个精灵球（Poké Ball），如果你在美国国家橄榄球联赛（NFL）中看到显示第一次进攻标记的黄线，你已经见过简单形式的增强现实技术了（提示：这条线实际上并不存在球场上）。宜家是这一领域的先行者，它的购物目录通过增强现实技术，让消费者"看到"商店的商品在生活空间中的摆放效果。[30]

沉浸式数字环境为企业提供了巨大的机会，可以创建廉价的、可扩展的场所，将员工、供应商和客户聚集在一起。这些平台有可能改变教育、企业培训、贸易展览、新产品开发和用户洞察。例如，增强现实技术的一系列营销应用怎么夸都不为过。首先，想想你的包装成为一个真正的销售工具。睫毛膏盒子可以演变成一个关于如何使用化妆品的教程。一个药瓶可以变出一位医生，指导你如何避免与其他处方药产生潜在有害的相互作用。一盒意大利面向你展示如何用里面的食材为你的家人准备他们吃过的最美味的扇贝。

在接下来的几年里，你将通过智能手机或平板电脑体验增强现实。像谷歌的 Goggles（适用于安卓手机）和 Layar（适用于安卓和苹果设备）这样的新应用程序会将文字和图片标注到你通过手机界面看到的任何东西上。新西兰航空公司使用的微软 HoloLens 技术将全息图与你在物理空间中看到的图像相融合，这样你就可以真正做到操纵数字图像。因此，如果用户想要组装一件家具或修理一个坏掉的水槽，他们可以通过 Goggles 护目镜真实地"看到"每个部件与下一个部件的连接位置。[31]

增强现实应用程序打开了新的信息世界，并有可能彻底改变营销传播。你想对你在 CD 封面上看到的歌手有更深的了解吗？想知道谁画了你当地酒吧里那幅很酷的壁画吗？你上个月看过的那栋房子到底卖了多少钱？只要把你的智能手机对准每个实体对象，信息就会叠加在你的屏幕上。[32] 增强现实即将成为一个广大市场：全球增强现实市场规模预计将从 2019 年的 8.49 亿美元增长到 2026 年的 36.65 亿美元。[33]

脸书首席执行官马克·扎克伯格表示，增强现实技术可以取代你生活中任何有屏幕的东西，包括你的电视。甚至比这个更进一步，许多技术专家认为增强现实技术有一天可以取代你的智能手机。毕竟，如果你的电子邮件、短信、电话和电子表格都可以直接投射到你的视野中，为什么还要携带一个单独的手机呢？[34]

4.3.4 利用虚拟现实技术获取线上与线下消费者

虚拟现实（VR）技术生动地证明了人们熟悉的"这里"与"那里"的二分法不再有效。虚拟现实应用程序可以通过一个特殊的头部穿戴设备，让用户沉浸在一个完全模拟的环境中，通常是 360 度的立体体验。

如果你从未尝试过虚拟现实应用，那就试试吧！你立即就会明白在《黑客帝国》系列电影中，尼奥和他的同胞们所居住的模拟世界是如何变得如此逼真。到 2022 年，全球虚拟现实市场的收入预计将达到 268.9 亿美元。[35] 毫无疑问，最初的巨大成功来自游戏行业，这一行业改变整体体验的潜力显而易见且不可限量。[36] 在屏幕上射击一个半兽人是一回事，在一个完全沉浸的环境中与半兽人近距离接触又是另一回事。

商业化的 Oculus 头部可穿戴设备（被脸书收购的那家初创公司）只是迈出了第一步，它有可能引发三星、索尼和谷歌等大公司蜂拥而入面向消费者的虚拟现实市场。[37] 现在的设备仍有点笨重，但可以肯定的是，在我们意识到这点前，硅谷那些嗅到钱味的公司会找到方法，把虚拟现实技术设备缩小到我们的眼镜里。

虚拟现实平台对营销人员和游戏玩家来说都有广阔的前景。例如，一家虚拟现实公司为好时公司（Hershey）创建了一个虚拟超市，以测量店内各种旨在鼓励消费者将一袋袋 Kisses 巧克力和其他美食放入他们的购物车的营销策略的作用。消费者戴着虚拟现实装备，在各虚拟的沃尔玛商店的过道上穿行。他们对好时产品的不同展示形式作出反应，使好时公司能够识别出刺激销量的具体配置方式。[38]

虚拟现实不仅让平凡的事物变得鲜活，如迪拜环球港务集团（DP World）让用户可以沉浸式参观其设施，也可以给迷人的事物锦上添花，如时尚品牌拓扑肖普（Topshop）的虚拟时装展会。[39] 而且，新冠疫情后期很可能推波助澜，因为虚拟现实技术为困在原地的人们提供了另一种到其他地方去的方式（或至少让他们感觉自己到了其他地方）。

其他公司正在积极地进入虚拟现实领域。在澳大利亚，亿贝平台推出了一个虚拟的 Myer 百货商店，让消费者足不出户就能看到数千种商品。亚马逊正在探索创建虚拟商店的构思，以销售像冰箱这类消费者不愿意在网上看不见使用情境的情况下购买的家具和家用电器。这个平台可以让顾客不必费劲将商品真的搬回家，就看到商品将来摆在他们家里的样子。[40]

就目前而言，虚拟现实在很大程度上是独自感受的体验，每个用户都进入一个如同身临其境的世界，并与旨在引导他感受虚拟现实的软件互动。几年前，当我有机会尝试 Oculus 头部穿戴设备的开发者版本时，我切实体会到了这一点：我突然发现自己坐上一架相当逼真的过山车。尽管我由始至终都坐在办公桌前，但我却感到自己经历了一段可怕的旅程，这段经历清楚地向我展示了媒体体验的未来。

皇后乐队根据其 1975 年的主打歌《波西米亚狂想曲》重制了 360 度虚拟现实的音乐视频。音乐行业的创新者们看到了虚拟现实的未来，乐队可以挤进一个先进的聊天室与来自世界各地的音乐家们一起演奏。他们可以通过流媒体进行表演，这样他们就不需要租用昂贵的场地举行音乐会了。[41]

这种共享的体验将我们推进新一代的虚拟现实——更接近斯蒂芬森对元宇宙的最初设想。世界上最大的连锁院线 MC 娱乐公司已经向一家名为"梦幻身临其境"（Dreamscape Immersive）的公司投资了 2 000 万美元，计划推出其所谓的"虚拟现实多厅影院"。这些场地将提供各种虚拟现实体验，而不是放映电影。最重要的是，它的技术将允许多达六个人同时探索同一环境，他们将可以与彼此的虚拟化身互动。[42] 这是迈向元宇宙的一小步。

4.3.5　线上与线下消费者的未来

在我们结束这个重要的话题之前，让我们简单地考虑一个仍然有意义的二分法："增强现实"与"虚拟现实"。人们经常混淆这两种应用技术，但它们实际上完全不同。增强现实技术并不替代物理上现实世界的事物。增强现实技术所支持的信息会在现实世界物件上增加第二层资料；而虚拟现实技术则将现实世界的事物完全换成了数字模拟的现实。

虽然虚拟现实听起来很有吸引力，但我认为增强现实技术对营销人员联系顾客的方式产生更有意义、更直接的影响。至少在科技行业找到办法，将笨重的虚拟现实头戴设备压缩为轻便的可穿戴设备之前，只有在消费者可以在一个固定的物理位置使用这些应用时，这些应用才是最有效的（我们当然不希望人们在完全沉浸于幻想世界的同时，在现实的物理世界到处游荡！）

相比之下，增强现实技术可以与你相伴而行；事实上，它通常就在你的智能手机里等着被激活。真是难以置信，增强现实技术可以改变我们体验营销传播的方式。例如，想象一下，一个简单的药瓶可以变成一个关于里面药物服用禁忌的视频演示，或者在你当地的巴诺书店（Barnes & Noble）里把一本书的封面变成书中描述的某个诱人的场景？

无论你选择哪种技术工具，线下和线上的世界从未如此接近。

本章启示

- 许多人，尤其是年轻人，并不认为自己在现实中的角色与在数字世界的角色是相互独立的身份。
- 新的混合型变色龙消费者使得关于实体店和电子商务的争论变成陈词滥调。
- 当消费者在线上时，他们会编造身份和提出创新的产品理念。
- 零售商应该构想一种混合的购物体验，将数字技术集成到实体环境中。
- 游戏正在演变成为所有年龄段的人的重要社交活动。营销人员尚未深入挖掘出广告游戏的潜在可能性。

- 电子竞技有望成为下一个主要的体育活动，并成为一种营销媒介。
- 对于残疾人、患有创伤后应激障碍的退伍军人或任何在线下世界中行动不便的人来说，虚拟环境可以改变他们的生活。
- 增强现实技术开辟了惊人的新的营销可能性，因为它可以将包装、广告或其他静态表面变成充满活力的传播媒介。
- 虚拟现实为用户提供了一种完全沉浸式的体验，将用户带入完全独立的 3D 环境。

第 5 章

不愿定格为买家或卖家的消费者

别动，一个苹果员工走进酒吧……不，这不是一个冷笑话的开场白。大约十年前，一名苹果工程师在当地酒吧小酌了几杯啤酒，不慎把伪装过的新款 iPhone 原型机遗留在酒吧。苹果公司想尽办法找到丢失的原型机。一年后，在苹果加州办公室附近的一家墨西哥餐厅也发生了类似的事件。[1] 人们对这些罕见失误众说纷纭。人们都知道苹果公司在产品发布前对产品信息严防死守，因此科技界的八卦人士将这些失误视为重大丑闻。如果你可以看到仍在开发中的苹果产品的盗版，谁还想看布拉德·皮特和安吉丽娜·朱莉的花边新闻呢？

苹果保护其商业机密的措施可能有点极端，但大多数公司在新产品完全做好进入市场的准备之前，都非常努力地不让外界知道产品的情况。

从产品开发流程上讲，当一个公司决定开发一个新产品时，它通常小心翼翼地遵循一系列步骤，从构思（想法的产生）开始，继续通过概念开发和分析等几个阶段，然后（如果它决定推出该产品）在开展测试营销中达到高潮，最终实现商业化。

所有这些都是在"隔音罩"中进行的，因为企业会尽其所能将创意保密到最后一刻。如果竞争对手嗅到了干预这一过程的机会，这些努力偶尔也会被竞争对手打乱。多年来，备受尊崇的老品牌李施德林（Listerine）的制造商一直想在其经典黄金配方的基础上推出薄荷口味的版本，以更直接地与宝洁公司口感宜人的 Scope 牌漱口水竞争。李施德林最初尝试过以 Listermint 作为品牌名推出这款新替代品。不幸的是，每次李施德林试图进行市场测试时，竞争对手宝洁就会侦查到，并且在它测试市场的城市为 Scope 牌漱口水投放大量额外的广告和优惠券。这种反击降低了市场测试结果的有用性，干扰了李施德林的市场规划者对是否在全国推广 Listermint 的决定。因为宝洁公司对 Listermint 市场测试咄咄逼人的反应实际上增加了 Scope 在测试城市的市场份额，所以没有办法确定 Listermint 在正常竞争条件下的实际表现。[2]

除了担心向竞争对手泄露情报，营销人员喜欢保密还有其他原因。其中一个显而易见的原因是，他们不希望推出有缺陷的产品，给公司带来负面影响。特别是在推出新科技产品时，这种担心可能是合理的。我们只需要回顾一下几年前，三星公司因为推出了有自燃危险的盖世（Galaxy）系列智能手机而经历的营销灾难，就能理解为什么竞争对手苹果公司会害怕"过早扣动扳机"。[3]

但是，还有一个比较隐蔽的原因。在许多行业里一个普遍现象是，设计师和制造商更愿意相信他们自己对顾客欲望的猜测，而不是不厌其烦地询问顾客。苹果公司传奇的创始人史蒂夫·乔布斯（Steve Jobs）的名言：

> 有些人说，"给顾客他们想要的东西"，但这不是我做事的方法。我们的工作是在顾客行动之前就弄清楚他们会想要什么。我想亨利·福特曾经说过："如果我问顾客他们想要什么，他们会告诉我'一匹更快的马！'"在你向他们展示之前，人们不知道他们想要什么。这就是为什么我从不依赖市场调查的原因。我们的任务是阅读那些还没有出现在页面上的东西。[4]

乔布斯先生说这句话时，似乎混淆了对属性与利益的理解。事实上，人们往往知道他们想要的基本利益。他们只是可能无法想象出能提供这些利益的新设备的具体形式。

但从更广泛的角度来看，有时受到这种偏见影响的不仅只有科技公司。即使企业销售的产品是最终消费者出于自我表达需要而购买的具有较高品位或审美成分的产品,在产品上市前,这些企业也可能不会从目标顾客那里广泛收集意见。企业宁可等待消费者看到他们的创作作品,然后用他们的货币投票给最接近他们渴望的作品。

5.1 窥视和服下的秘密:让你的消费者成为共同创造者

我在几十年前首次发现了这种"准备、射击、瞄准"的趋势。在美国商务部的资助下,我和同事开发了一个在线平台,能够让顾客在他们的家用电脑中浏览产品的照片,收集顾客的反应。这在今天听起来很普通,但相信我,在互联网的早期这是件大事。我们开发的平台是首批在线平台之一。[5]

我们在一次会议上展示了我们的技术,出席会议的有几家大型纺织品制造商的管理人员。一位长相出众的先生在我们的展位前站了很久。他似乎被屏幕上模特穿着不同服装的图像迷住了。当他终于从沉思中走出来时,他对我们说,他可以用这个系统在地毯摆在商店里之前,测试消费者对地毯设计的反应。原来,他在规模最大的一家地毯和其他家居产品制造商负责产品开发工作。在他参加展会之前,他们的"市场研究"就是招募几个人在地毯样品上行走,看看他们的感觉如何。

我们了解到,这在大规模家居用品行业几乎是常态,至少在当时主导这个行业的一些家族企业,认为根本不需要征求客户的意见。值得一提的是,这家公司成为我们的第一个客户。我们后来陆续与其他服装和室内设计公司合作,因为他们意识到,在生产这些产品之前询问人们喜欢什么,实际上是有意义的。

这个逻辑很有说服力:即使很难预测赢家,但如果你能提前确认出会失败的方案，就能节省成本。举个简单的例子，假设你不是将10种新产品或新款式推向市场，而是剔除了客户不太喜欢的3种，那么现在你就可以把你的营销预算分配给7个而不是10个竞争者。

在你进入市场之前，让你的顾客参与"头脑风暴"似乎是一个不费吹灰之力的办法，事实上，今天我们看到许多公司都接受了这个想法。但令人惊讶的是，还有许多公司仍然没有这样做。不愿意让外人看到和服下隐藏的东西，这一点已经深深地融入了他们的企业基因。

但是，一旦公司意识到让用户尽早参与到生产过程中的价值，就很难再关闭分隔生产者和消费者的牢笼了。具有讽刺意味的是，大部分这类创新都发生在B2B的组织市场，我们可以预期在这种环境下企业对新产品信息泄露的顾虑更为强烈。

有些工业营销人员开始接受麻省理工学院教授埃里克·冯·希佩尔（Eric von Hippel）在1986年首次提出的"先驱用户"的调研方法。他观察到，在航空航天和化工等行业，往往是公司最大的客户率先发现了市场上未被满足的需求。事实上，在化工产品等行业中，大部分的新产品创意最初来自客户，而不是供应这些产品的公司。[6]

最后，B2C消费者市场领域中具有前瞻性的公司也开始意识到这点。他们明白，招募自己的顾客担任产品设计师是非常有意义的。这些众包技术可能会让一些设计师感受到威胁，他们担心自己的专家地位会被业余爱好者所取代。但幸运的是，许多创意者也明白在产品上市前从用户那里获得详细反馈的价值。例如，美容网站Into the Gloss的创始人在网站运行前创建了一个照片墙账户。她利用intimidating平台邀请数以千计的化妆品粉丝提出建议，然后基于这些建议建立她的新公司。[7]

今天，这不是一个孤立的事件。随着消费者生成内容（CGC）革命的发展，消费者正从牢笼中攀爬出来，投身到他们以前从未接触过的各种角色。让我们来看看最重要的几种角色。

5.2 如何与既生产又消费的变色龙打交道

乐高是负责将其产品设计过程众包的领导者之一。该公司创建了一个名为"乐高创意"(LEGO Ideas)的在线社区,社区成员可以提交关于新乐高套装的想法,并对其他人提供的概念进行投票。如果一个想法赢得了 1 万张选票,乐高就会开发它,并在世界各地销售。美国得伟电动工具公司(DeWalt)为超过 1 万名使用其工具并对工具开发有想法的用户提供了一个平台,如果公司选择了用户的设计,他们就能获得版税。[8]

这些公司深谙用户参与的价值,但也有很多公司尚未领悟。我们有时会发现即便大公司也会疏于落实最基础层次的用户参与:向顾客确认你对顾客所言的就是你本意想说的。例如,市场营销的一个基本原则是确保你的品牌与你的顾客所用的语言相匹配。当一家公司向其他市场扩张时,这一点就变得更加重要,因为那里的客户说的语言不同。有许多令人惊讶,而且通常是滑稽的营销活动忘记了这一基本原则。其中大多数本可以很容易地通过使用反向翻译技术来避免他们的错误,也就是让一个母语为当地语言的人,将企业为当地市场改写的营销文本翻译回原来的语种,以确保含义相同。但显然,他们没有这么做。以下是我最喜欢举例的几个错误:[9]

(1)奥迪(Audi)将其运动型电动汽车命名为 Etron。不幸的是,对讲法语的人来说,étron 这个词很难让人联想到成熟的汽车技术。相反,它在法语中的意思是"排泄物"。

(2)卡夫(Kraft)食品公司最近进行了重组,将自己更名为 Mondelēz 国际公司。Monde 在法语中是"世界"的意思,delez 在最后一个音节中有一个长音 e,是对美味的一种戏称。然而,对俄罗斯人来说,这个词听起来像是一种下流的表述。

(3)生产斯堪的纳维亚(Scandinavian)吸尘器的北欧制造商伊

莱克斯（Electrolux）在美国销售时打出了这样的口号："没有什么比伊莱克斯电器更糟糕了"（Nothing sucks like an Electrolux）。

5.2.1 利用顾客生成内容来开发新产品

越来越多的创新者认为把牢笼的钥匙交给囚犯其实是个好主意。另一个引发了大量众包，特别是在服装行业众包的早期创新者是 Threadless。在这家生产图案 T 恤的公司的在线平台上，有抱负的设计师提交新衬衫的创意，然后社区通过投票决定他们将购买哪些款式的衬衫。因为 Threadless 仅生产人们投票要买的 T 恤，这实际上确保了库存总是会卖光。此后，其他共同创造平台也加入市场，包括 Ssense、Krush 以及照片墙上成千上万的个人时尚账户等。[10]

设计的新主流意味着争夺消费者心智和钱包的战斗不会在研发实验室中获胜（抱歉）。当然，消费者喜欢新的产品，这意味着总是有创新的空间。然而，可悲的事实是，除非是苹果、耐克或波士顿红袜队等崇拜品牌的忠实追随者，否则消费者看不出竞争品牌之间有多大的差异。

这就是很多公司意识到迫切需要与他们的顾客一起设计的原因，而不是为他们的顾客设计。如果你把用户纳入创造过程中，就容易创造出能够吸引他们的元素。

5.2.2 利用设计思维来改善顾客体验

同理心、以顾客为中心的营销、顾客体验（CX）、服务接触、顾客旅程，无论你怎么称呼它，仅通过几个焦点小组来猜测什么会引起消费者的共鸣已经不足以了解市场。市场发展得太快，产品周期也急剧缩短，企业无法承担这种奢侈。同样，在一个以碎片化市场为目标的世界里，大众市场的细分不再有什么意义了。

一场名为"设计思维"的革命正在进行。构建这一趋势理念的基石是 EDIT：同理心（empathize）、定义（define）、构思（ideate）和测试（test）。如果没有顾客视角，设计思维就无法展开。所以，同理心是第一步。企业如何才能真正理解顾客的生活体验，从而设计出能与他们产生共鸣的新产品和服务？

正如我之前所建议的，实现这一目标的一个非常有价值的方法是"在有鱼的地方捕鱼"：让自己沉浸在顾客生活的世界里，而不是你认为他们生活的世界中。给顾客充分的机会提出修改建议，甚至给他们一个沙盘，让他们自己幻想一下你的产品应该是什么样子或应该具有什么功能。

例如，在第 4 章讨论的虚拟世界《第二人生》的全盛时期，喜达屋（Starwood）的雅乐轩（aloft）酒店部门开放了设计原型的虚拟版本，以便向以虚拟分身来访的游客收集反馈。这家新的连锁酒店实际上根据数字访客在大堂闲逛或查看客房时提供的反馈，对实体酒店做了一些调整。这些调整包括在客房淋浴间增加收音机，在大堂提供额外的座位，以及在公共区域的墙壁上加入由当地艺术家创作的艺术品。[11]

尽管担心如果顾客认为公司将其设计过程变成了业余人士的事情，他们就会抵制，但事实证明，当公司倾听顾客的意见时，他们实际上会提高对公司的好感度，一家名为 Red Chili 为攀岩者供应装备的德国公司认识到这点。它在广告中宣称："只有攀岩者才知道攀岩者需要什么。"[12] 事实上，一项研究发现，当一家公司标榜其产品是"众包"产品时，销售量会增加 20%。[13]

5.2.3 利用众包，三个臭皮匠抵个诸葛亮

早在2004年，詹姆斯·索罗维基（James Surowiecki）在《群体的智慧》（*The Wisdom of Crowds*）一书中就宣传了众包的概念。[14] 他记录了许多例子，表明群体比个体对结果做出更明智的判断。

就连索罗维基也承认，这种方法并不总是有效的。他指出，要使奇迹发生，需要某些条件。首要条件是，人群中需要包括有不同意见的人，以避免"群体思维"心态。尽管如此，众包模式已被证明在政治预测、好莱坞电影（好莱坞证券交易所）和医药产品等各种应用中都能发挥作用。

众包论坛有时被称为预测市场。参与者来自业内，所以他们了解决定成功或失败的因素。而且重要的是，如果他们猜对了胜出方案，就会获得奖励，所以他们不会被激励做出"安全"或办公室政治上正确的选择（也就是他们老板希望提到的选择）。[15]

例如，包括礼来（Eli Lilly）在内的几家制药公司和惠普（Hewlett-Packard）已经对他们的员工测试了预测市场。他们的"交易员"对他们认为将会发生事情下注，如未来的销量、新产品的成功或者分销渠道中其他公司的行为。然后，如果他们选的潜力股成功了，他们将获得现金奖励。礼来公司经常在那些面临巨大失败概率的候选药物上投入数百万美金。少数取得成功的新化学药品必须赚到足够的钱来弥补其他化学药品的损失。显然，如果在开发流程尽早区分出成功产品和失败产品，就像我们在地毯和服装设计上所做的那样，公司就可以从中受益。在礼来公司进行的一项实验中，涉及包括化学家、生物学家和项目经理在内大约50名参与药物开发的员工，"交易员"正确地在一组备选的药物产品中预测出了会在市场上取得成功药物。[16]

5.2.4 广告和公关的众包

就像变色龙消费者喜欢参与他们所买的商品的开发和生产一样,他们也希望对他们看到、读到和听到的关于这些产品和服务的信息有发言权。事实上,2013 年《哈佛商业评论》(*Harvard Business Review*)的一篇文章宣称:"传统广告公司终结了。"[17] 好吧,这条讣告对整个行业来说可能有点为时过早,但不容忽视的是,区分专业广告创意人和业余创意人的牢笼正在瓦解。

在现实中,你不会发现纽约麦迪逊大道(Madison Avenue)上有什么动静。广告公司仍然活得很好,谢谢。但这无法阻止大量的业余爱好者自发创造与产品相关的内容,并在网上分享。大多数成年网民表示,他们经常创建和分享照片和视频。[18] 当然,其中一些只是抖音(Tik Tok)上最新的搞笑猫咪栏目,但有很大一部分拍得好的作品或好或坏地直接引用了实际品牌。

为什么我们其他人会关注这些作品?也许是因为几乎没有人再相信传统广告了。在一项针对美国和欧洲 4 500 名活跃的社交媒体用户的调查中,只有 6% 的受访者表示他们相信广告向他们展示的内容,同时超过 75% 的人表示他们宁愿看用户生成的图片,也不愿看专业广告。更重要的是,他们对"真人"照片的信任程度是在传统广告中看到的照片的 7 倍。此外,超过一半的受访者表示,他们更有可能点击带用户生成图片的广告,同样比例的人在看到这种广告后感到有更强的购买倾向。[19]

顶级品牌的企业注意到现在许多消费者在社交媒体上热情地推荐他们喜欢的产品。许多品牌现在使用品牌标签来提高曝光度和参与度。例如,美国彩妆品牌 NYX 在社交媒体上策划 NYX 化妆品活动后发现,与用户生成内容互动的顾客平均客单价比没有互动的顾客高 93%,订单转化率高 320%。[20]

如前所述，安迪·沃霍尔有一个著名的预言："在未来，每个人都会迎来 15 分钟举世闻名的时刻。"[21] 今天，似乎表述为 15 秒更准确。

想想看，当人们对产品的评论和建议如病毒般传播开来时，这些普通人就变成了网络名人。虽然信息是有影响力的，但信使是可以牺牲的。说得委婉点，在绝大多数情况下，名气是转瞬即逝的。当他们获得像博客作家佩雷斯·希尔顿（Perez Hilton）和歌手蒂拉·特基拉（Tila Tequila）这样的圈内名望时，照耀在他们身上的聚光灯可能会持续几小时、几天、几周或几个月。他们是幸运儿：一些分析家指出，随着互联网的热点红得更火，过气得更快，这些网络名人以令人眼花缭乱的速度登场和退幕，圈内名望已经演变为纳米级别的微小名气了。今天来，今天就走。

毋庸置疑，这些消费者对什么是热门和什么是冷门的判断，统治着今天的市场。他们的影响力即使与公司支付昂贵代言费以兜售自己的商品和服务的知名明星相比，也毫不逊色。根据一项研究，近九成的消费者（84%）在博客上了解到一种产品或服务后会购买。处于 18~34 岁的消费者，把博客视为他们做出购买决定的最重要的信息来源。[22]

5.3 零售商还是消费者

仿佛传统零售商在新冠疫情后麻烦还不够似的，他们还遇到了来自自己顾客的日趋激烈的竞争。跟区分零售商和消费者的牢笼说再见吧，消费者正在迫不及待地加入零售的竞争行列。随着 P2P（个人对个人）商业的飞速发展，人们每天在网上创建的自己的网店数以万计。消费者不仅管理他们自己的库存，并且相互交易的成交量惊人。这种繁荣背后的原因之一是 P2P 支付行业的兴起，包括 PayPal、

Venmo、Square 和 Zelle 在内的支付平台将我们每个人变成了银行家。

仅亿贝平台一家就拥有超过 10 亿的在线商品和 1.82 亿的活跃买家。[23] 尽管由于许多卖家采用了成熟的营销技术，亿贝似乎已经摆脱其早期国产"手工"制品卖场的特征，但是它仍然是一个允许任何拥有旧衣服（或纪念品，或其他任何东西……）、快递纸盒和梦想的人成为零售商的平台。

现有的零售商需要尝试激进的方法来应对这种入侵业态。他们甚至可以考虑采取"如果你不能打败他们，就加入他们"的策略，将个人工匠纳入他们的商品采购策略的范围。李维斯（Levi Strauss）现在就在这样做。该公司通过其创客项目招募独立设计师加入。它推广了像 Forestbound 这样的品牌，该品牌销售用回收的军用织物制作的手提袋。李维斯在精品店出售这些包和其他一些与众不同的产品，给它们贴上李维斯创客（Levi's Makers）的标签，并在店内播放颂扬创客独立精神的品牌视频。正如李维斯的一位设计师所说："对李维斯而言，创客计划是为了铭记那些坚持手工制作的工匠，同时提供一个渠道来讲述他们的故事以激励世人。"[24]

5.3.1 "手工炸薯条？"对真实性的追求

手工制作的啤酒、手工制作的比萨饼、手工制作的糕点……新冠疫情过后，我们甚至可能会发现手工卫生纸。手工制作这个词无处不在。它意味着一件物品不是大规模量产，制造商通常是一位技艺精湛的艺术家，或者是"我们中的一员"（也就是说，他们还没有卖给大公司）。电子商务网站 Etsy 自称为"世界上最美丽的市场"，拥有成千上万的由普通人出售的独特作品。

对所有物品都由手工制作的需求背后是什么原因促成的？我相信这反映了人们对真实性的强烈渴望。消费者渴望了解他们购买的东西来自哪里。这就是为什么像彼德曼（J.Peterman）这样的公司会在服装目录阐述关于服装商品的故事，而像全食超市（Whole Foods）这样的食品店会让顾客知道哪些农场供应了产品和肉类。我在一家海鲜餐厅吃饭时发现，该餐厅竟然列出了捕捞每道菜的渔民的名字！我把这种追溯产品来源的渴望称为产品谱系。

无论是食品、艺术还是时尚，真实性现在是许多产品品类购买决策的一个关键驱动因素。研究人员认为，虽然真实性是一个很难确定的概念，但它通常由三个属性组成：传承、真诚和对质量的承诺。许多公司喜欢以他们的"真实性"故事为卖点。[25]新百伦（New Balance）这样描述它在缅因州的工厂："建于1945年的车厂街大楼是近400名员工的工作场所。他们生产的每一双鞋都是令人自豪的手工艺作品，承载着这个小镇和它的人民的悠久历史。"[26]

寓意：如果你的公司有故事可讲，那就讲吧，而且要经常讲。

创客运动

当然，没有什么比你自己做的东西更真实，所以我们看到DIY产品的蓬勃发展是有道理的。自己动手做的市场预计在未来几年将增长6%。[27]自己动手做的愿望为那些找到方法鼓励顾客参与的公司创造了许多机会，当然也为他们提供了成功所需的东西。

新冠疫情推波助澜，数以百万计的人通过做饭、做木工，甚至做发型（成败混杂）等项目来抵御居家隔离的幽闭症。消费者转变为生产者，积极投身生产过程的热潮也与所谓的创客运动有关。创客运动指人们聚集在一起，创建一个他们称之为创客空间的协作工作空间。现在，成千上万的业余爱好者聚集在学校、图书馆和其他公共场所的改建设施中，学习电子、3D建模和打印、编码和机器人技术，以及木工等科技含量较低的技能。其中一些项目甚至已经变成了成功的初创企业。[28]

5.3.2 直销进一步敞开了牢笼

葡萄酒、成人玩具和塑料容器有什么共同之处？世界各地的家庭主妇成群结队地在家庭聚会上出售所有这些产品。如前所述，在这个渠道中，代理林林总总产品和服务的公司大多会招募女性作为公司的分销代理。尽管始于 20 世纪 50 年代的特百惠派对概念没有什么特别之处，但近年来它已经演变成一个价值数十亿美元的产业，将家庭主妇变成了娴熟的分销商。在巴西、中国和非洲某些中产阶级不断壮大的国家，这种商业模式发展得如火如荼。如果处理得当，它可以让数百万传统上无法获得收入机会的女性获得更多权利。

在某些情况下，这些全职妈妈找到了创业之路，她们与直销公司合作开辟了自己的业务。毫无疑问，这个行业是一台赚钱机器。2018 年，全球直销公司的销售收入在 2 000 亿美元左右。[29] 仅美国就有远超 2 000 万人参与这一渠道，每年还有数百万来自世界各地的人加入这个行列。

绝大多数从事直销的分销商都是兼职，许多人原本只是热心的顾客，他们决定通过成为自己的内部（in-house）批发商、广告商和销售人员（确实是在自己的房子里），来践行他们所宣扬的观点。开始走这条道路的人中，大约有四分之一的人会坚持下去，作为直销商建立独立的业务。这意味着他们积极管理客户群，并为他们的网络保荐更多其他分销商。被招募的分销商会与保荐人分享他们的部分佣金。

此外，非常多从事直销的分销商也会购买他们卖给顾客的产品，留作自用（能拿到很好的折扣）。业界委婉地将这种做法称为内部消费。[30] 这是消除零售商和消费者之间牢笼的另一种方式。

5.4　拥有还是租赁

共享经济是我们在营销领域所见过的最具颠覆性的力量之一。无论他们是借邻居的自行车、电锯或厨房用具，还是住在陌生人家里，照看别人的宠物，带游客游览社区，或者绕过出租车，让优步司机送他们回家，人们每天都在无情地拆除分隔业余人士和专业服务者的牢笼。

根据一项估算，在美国、英国和中国，超过一半的消费者在2018年至少使用过一次共享经济服务。[31]的确，新冠疫情削弱了共享经济中我们称之为零工经济部分的活力。例如，优步和来福车等交通服务和爱彼迎等住宿服务。这种放缓可能是暂时的，随着旅游和酒店业重新站稳脚跟，共享经济的发展势头可能就会恢复。

但更重要的是，要记住还有许多其他的产品和服务是人们可以"分享"的。例如，家务和我们每个人都花了很多钱却很少使用的日常用品。像荷兰的Peerby.com和其他许多创新平台，可以让你很容易从邻居那里租到你需要的东西，无论是动物养殖箱、砂锅，还是棋盘游戏都能租到。[32]

你能创建一个新的商业模式来助力共享过程吗？如果你经营实体店，是否有多余的营业空间和接待能力可以租借来举办"交换会"，从而与当地社区建立联系？这种基层民众方案可能是如今货架上堆满灰尘的购物中心解决门可罗雀问题的一个方向。

汇聚资源的趋势提出了一个大问题：当你可以租用时，为什么还要购买？我们过去看重我们可以拥有的物品，无论是漂亮的衣服、电动工具，还是唱片专辑。获取财产的驱动力是资本主义一些基本原则的基石。对许多人来说，拥有房子或汽车的所有权是传统意义上一个重要的里程碑，也是一个人成年的标志。

把自负从你的出租屋窗户抛出去吧。今天，许多美国消费者都希望避免拥有所有权以及随之而来的财务成本和责任。例如，美国人宁可租用而不是购买更多的新车的情况前所未有地普遍；如今，约 1/3 的交易都是这样。[33] 凯迪拉克意识到这一趋势。为此，这家汽车制造商推出了"预订凯迪拉克"（Book Cadillac）计划。该计划让参与者可以尝试一系列不同的车型，每年最多可以更换 18 次车型。[34]

共享经济使得物物交换、交易和租赁而非拥有变得容易。我们按使用时长支付汽车费用，租用邻居的电动工具，租赁一个"创客空间"来使用 3D 打印机和其他复杂的设备，播放流媒体音乐而不是下载音乐。数以百万计的女性从服装租赁公司 Rent the Runway "借用"礼服和其他配饰，该公司的收入超过 1 亿美元。[35]

甚至连费心考驾照的青少年人数也在下降。在 2014 年的一项研究中，只有 24.5% 的 16 岁青少年有驾照，比 1983 年下降了 47%。孩子们放弃这个例行惯例的三个主要原因是："太忙或没有足够的时间考驾照"（37%）、"拥有和保养一辆车太贵了"（32%）以及"可以从别人那里搭便车"（31%）。[36]

当我们与物品的关系变得更短暂肤浅时，所有权带来的自豪感也随之消退。我们宁愿"租"一种体验，也不愿拥有一件东西。选择租用吉普卡公司（Zipcar）的汽车用 1~2 小时，而不是花钱购买属于自己的车，就是这种想法的典型代表。鉴于每年拥有和维护一辆汽车的费用约为 9 000 美元，按需支付的方式对我们中的许多人来说，尤其是对城市居民是非常有意义的。事实上，吉普卡公司声称，超过一半顾客在加入他们的会员计划后处理了他们的私家汽车。[37]

笼子在共享经济前螳臂当车，只会加速自身瓦解。

本章启示

- 消费者生成内容（CGC）撬开了分隔生产者和消费者的牢笼。对于愿意让顾客参与营销过程中方方面面工作的营销人员来说，机会无处不在，如让顾客成为设计顾问、零售商、投资者和广告人。
- 对产品设计师来说，消费者是一个巨大但经常被忽视的营销情报来源。企业自身的员工也是如此。
- 真实性是如今消费者购买决策的一个关键驱动因素。如果你的公司有一个背景故事，就讲给消费者听，而且要经常讲。
- 所有权带来自豪感不再是黄金标杆。现在，许多消费者想要避免拥有物品以及随之而来的财务成本和责任。

第 6 章
拒绝传统性别角色和性别刻板印象的消费者

为了推广胡椒博士10号饮料（Dr. Pepper Ten drink），百事公司向美国各城市派出了一辆装潢为"男人洞穴"的移动拖车。这辆拖车停在球场或车展等男性扎堆的区域，让他们可以在那里看电视和玩电子游戏。随行的广告宣传中，出现了一位手持太空时代的武器、肌肉发达的突击队员的特写。"嘿，女士们，喜欢这部电影吗？"他问道。"当然不喜欢。因为这是我们的电影，而胡椒博士10号是我们的汽水。"[1]

塑造男性和女性的性别印象是一种用滥了的营销技巧。这种方法设想，男人和女人会对号入座，并购买产品。因此，许多公司严格地依赖性别分类，即使两性之别不再准确地适用于当今大多数人对自己性别取向的看法。胡椒博士的营销策划是在十年前实施的，很难想象在今天推行类似的策划。

的确，至少有些关于消费者的性别差异刻板印象仍然有效。想想市场研究人员在比较男性和女性的食物偏好时观察到的性别差异：女性吃更多的水果，男性则更倾向于吃肉。正如一位美食作家所言："男孩的食物不会生长。它被猎杀。"[2]事实上，消费者倾向于将肉类视为男性化的产品。在一个案例中，一家销售大豆馅饼的公司发现，男人认为大豆馅饼是女性化的食物，所以他们的解决办法是在馅饼上添加人造的烧烤印迹，使它们看起来像块肉。[3]但是，即使是像这样的思维定式也会发生变化：最近的一项调查发现，全球65%的男性和女性已经开始更多地吃植物类食物，朝着"弹性素食主义"的方向发展。[4] 一人份的大汉堡王，对另一个人来说是不可能吃完的食物。

广告主本身也经常鼓励性别刻板印象。一项研究追踪了《马克西姆》(Maxim)、《高尔夫文摘》(Golf Digest)等八本以男性读者为主的杂志的广告，发现大部分的广告都非常强调暴力、危险以及对女性和性的冷酷态度，从而助长了男性至上主义。[5]

然而，即使是几年前我们毫无争议地接受的传统的性别角色描述，在今天也可能会被认为是无礼的。设计师品牌杜嘉班纳2007年在欧洲的一则广告，描绘了一群穿着紧身牛仔裤、汗流浃背的男士围着一个穿着尖头高跟鞋的女性，他们把她按在地上。这种攻击性内容在当代消费者中不再像以前那样受欢迎。例如，在20世纪60年代的一则咖啡广告中，一位丈夫威胁妻子说，如果不明智地购买正确的品牌，他就要打她的屁股。这样的广告现在行不通了。

6.1 性别角色和性别认同不是固定不变的

一本畅销书曾经宣称："男人来自火星，女人来自金星。"[6] 这是一个清晰的二分法，但不幸的是，它在今天并不那么适用（如果曾经适用的话）。

重要的是要认识到"男性与女性"二分法和"男人与女人"二分法不是一回事。[7] 这是生物学和心理学的不同之处：我们根据一个人携带的性染色体以及这些染色体如何引导其器官和某些荷尔蒙的形成，将一个人认定为男性或女性。

相比之下，成为一个男人或女人的经历则更为复杂多变。作为男人或者女人（或者介于两者之间）的文化概念内涵决定了一个人的感觉、行为和消费方式。

毫无疑问，性别认同是消费者自我概念的一个重要组成部分。人们通常遵从文化对自己的性别应该如何行动、穿着和说话的期望行事；我们把这些期望称为性别角色。因此，作为一个男人或一个女人的状态有更广泛的意义，我们对男人和女人的定义在不同时期和不同文化中会发生根本性的变化。

今天，我们正在见证一场特别动荡的变革，因为我们的文化正在努力应对不断变化的性别定义。至少在美国社会的某些地方，一个在生物学上生为男人的人通过穿裙子和化妆来"表现女性化"，或者一个在生物学上生为女人的人通过穿工装和建筑靴来"表现男性化"，已经越来越普遍。更不用说那些通过手术和注射荷尔蒙，切实来改变自己生物身份的人了。

在这个不断变化的世界里，营销人员坚持沿用"老派"的男性和女性二分法，是很危险的。关于谁有权使用男厕所或女厕所的激烈文化战争，证明了这个问题反复无常。塔吉特百货公司承诺花费 2 000 万美元移除性别标志，并在其门店中增加性别中立的卫生间，以避免被消费者抵制的威胁。[8] 2020 年，美国最高法院做出了一项具有里程碑意义的裁决，禁止某组织基于性别取向进行歧视。[9]

男性、女性、无性别（agender）、顺性人（cis）、性别认同为女性（feminine-of-center）、女变男跨性别（FtM）、性别酷儿（genderqueer）、第三性别（third gender），或者任何一个今天争相取代过去的男人与女人二元对立分类法的术语，究竟意味着什么？[10] 答案不仅仅是个人的回答——营销人员需要密切关注这一讨论，以确保他们的信息和产品跟上这些不断发展的定义的变化。

6.1.1 Z 世代是后性别时代

当营销人员努力了解如何与 Z 世代沟通时，去除将男性与女性二元对立的表述，可能将成为最重要的叙述技巧之一。

早在 2015 年，可口可乐公司与 7-11 便利店合作时，向青少年提出了这样的问题："你更像小伙子还是更像美女歌唱家？"顾客可以在比赛中选择他们是小伙子还是美女，以赢得一次参加《美国好声音》(The Voice) 决赛选手克里斯蒂娜·格林米（Christina Grimmie）的视频拍摄的机会。在最终完成的视频中，观众可以通过选择他们想听的编曲是"流行天后"还是"原声天王"，来了解这位歌手个性中男性的一面和女性的一面。[11]

讽刺的是，让消费者在这种二元对立中选择，隐含了一种对性别差异的刻板印象，即男性和女性偏爱不同类型的音乐：究竟是什么构成了"流行天后"的曲调？女人就不喜欢原声编曲吗？另一方面，这个促销活动表明，即使是像可口可乐这样的大型营销组织也意识到了年轻人中正酝酿着一场巨大的文化运动。音盲？也许是，但至少尽力尝试。

可口可乐的营销策划是建立在对年轻消费者的调研基础上的，调研结果表明年轻人认为自我表达是容易变化的，它是获得乐趣的一种方式。可口可乐的广告代理公司——伟门广告（Wunderman）的首席战略官解释说："有时他们觉得自己更像个男人，有时更像一个女伶。"

虽然整个美国人口中只有 13% 的人认为自己不是异性恋者，但 Z 世代中高达 31% 的人认为自己不是异性恋者。[12] 根据 Wunderman Thompson 公司在 2015 年完成的一份经常被引用的研究报告，82% 的 Z 世代认为"性别不再像过去那样，用来界定一个人"，56% 的人表示他们知道有人会使用 they、them、ze 等中立代词。嘿，甚至连芭比娃娃也在莫斯奇诺（Moschino）系列的广告中加入了一个小男孩。他在广告中欢呼："莫斯奇诺芭比真是勇猛！"然后将设计师品牌的手提包挂在芭比娃娃的手臂上。[13]

6.1.2 性别扭转是一个巨大的市场

有些仅向一种性别的消费者销售产品的公司在推广性别扭转产品时,可能会决定尝试转向另一种性别消费者销售。"性别扭转"(gender-bender)是指将传统上属于特定性别类型的产品转变为面向相反性别用户的产品,如向女性推出粉红色的枪支。以下是另一些性别转换的例子:[14]

(1)1961年,美泰公司(Mattel)创造了男性娃娃肯(Ken)来陪同芭比娃娃进城逛街。60年后,美国女孩娃娃(American Girl)也推出了它的第一个男孩娃娃。洛根·埃弗雷特(Logan Everett)留着完美的头发,穿着时髦的T恤和深色水洗牛仔裤,充当一个乐队的鼓手。[15]

(2)长期以来,老香料(Old Spice)一直被认为是待在爸爸药箱里的品牌产品,但是喜欢这种香味和相对低廉价格的年轻女性也开始关注这款除臭剂。女性市场的复苏对其而言有点讽刺,因为该公司在1937年推出的第一款产品就是女性香水。

(3)纺必适(Febreze)是宝洁公司向女性推销用于家庭清洁的气味中和系列中的一款产品。然而,宝洁公司发现,很多男性把它喷在衣服上以推迟洗衣服的时间。在越南,该产品被称为Ambi Pur,骑摩托车的男士用它作为头盔的除臭喷雾。[16]

(4)有些像Older Brother这样的初创公司销售男女通用的服装。内衣界新星MeUndies生产男女内衣,包括亮粉色的男式四角裤和迷彩图案的女式比基尼。其创始人解释说:"我们的女装四角裤基本上是没有前兜的男式平角内裤,而我们的男装三角裤基本上是剪裁自有前兜的女式比基尼。"[17]

6.2　男人如何超越男性刻板印象

即使是那些对严格划分男性和女性两类性别抱有相当传统看法的人，也不得不重新审视他们对当今身为男性意味着什么的观念。

如今，男性的行为模式正在发生巨变，尤其是一波性骚扰丑闻的浪潮令不少知名男性企业高管、政治家和艺术家的职业生涯陷入低谷。

骑士精神的传统故事教育一代又一代男人"把女人奉作女神"，但同时也倾向于将她们物化为脆弱的器皿，如果给她们过多自主权，她们可能会从神台摔下来。事实上，19世纪的诗人约翰·济慈（John Keats）将当时的理想女性描述为"一只乳白色的羊羔，咩咩叫着寻求男人的保护"。[18]

"我也是"（#MeToo）运动推动了一场席卷全美的紧急对话，讨论我们的文化看待和对待女性的方式。包括Vice网络和优步在内的一些知名公司的领导者被指责为鼓励"兄弟文化"，即贬低女性的企业环境。[19]

这种对男性的文化定义（当然不是唯一的定义，却是占主导地位的版本）颂扬男人是猎人、女人是猎物的观念，最善于将头奖"收入囊中"的男人获得世人的褒奖。社会理论家索尔斯坦·凡勃伦（Thorstein Veblen，"显性消费"概念的提出者）认为，从历史上看，妻子是象征男人实力和经济资源的地位象征。[20]他批评了女人的"装饰"角色，因为富有的男人向她们纷纷抛撒昂贵的衣服、华丽的房子和悠闲的生活，以宣扬自己的财富。今天，我们把嫁给富裕老男人的年轻、有魅力的女性称为"花瓶妻"（trophy wife），这可能不是巧合。

比尔·考斯比（Bill Cosby）和哈维·温斯坦（Harvey Weinstein）等知名人士受审后爆出的丑闻，激发了许多营销人员为应对这一变革时刻采取对策。美国男装品牌Bonobos发起了"进化定义"

（#EvolveTheDefinition）运动，以引发关于男性气概含义的讨论。该品牌在 YouTube 上发布的一段短视频展示了一系列男人分享他们对男子气概的诠释。像联合利华的斧牌、剃须工具平台 Harry's、吉列（Gillette）等其他以男性用户为导向的品牌都开展了营销活动，质疑男性性别刻板印象和对男性行为的文化期望。

男人的工作与女人的工作

男性性别角色的变化很大程度上涉及对传统文化中男人的工作与女人的工作的二分法的重新思考。在美国，大多数年轻夫妇都认为，理想的婚姻是夫妻共同工作，共同照顾孩子和分担家务。[21] 这与 20 年前相比有了很大的变化，当时只有不到 0.5% 的丈夫知道如何使用海绵拖把。[22]

今天，人们越来越多地在电视广告中看到温柔且明智地照顾着孩子的居家型父亲。这种最新的广告画面甚至有自己的名号：爸爸广告（Dadvertising）。例如，通用磨坊麦片 Cheerios 的一则广告展示了一位自信的父亲如何在忙碌的工作日早晨应对得游刃有余。该营销活动有一个专门的汤博乐页面和推特标签："怎么当爸爸"（#HowToDad）。[23]

随着越来越多的女性外出工作，现在留在家里照顾孩子的丈夫越来越多：美国人口普查局报告称，20% 学龄前儿童主要由父亲和在职的母亲负责照顾。正如一位营销主管所观察到的："孩子们将在爸爸的陪伴下成长，爸爸会给他们洗澡，开车送他们去踢足球，还会切橙子分给球队当零食。"据估计，在美国，男人已经承担了超过一半的食品杂货采购任务。

欧洲各国的男性居家率（Stay-at home rates）有所不同，斯堪的纳维亚地区往往为男性提供非常慷慨的居家激励措施。在荷兰，近 50% 的年轻父亲表示他们每周至少会休假一天，在家里陪孩子过"爸爸日"。[24] 新冠疫情的流行无疑进一步加速了这种变化趋势，因为被困在家里的父母不得不重新协商他们的家务安排。

这一转变促使营销人员重新审视他们销售一系列产品的方式，以吸引爸爸们：乐高和美泰现在都提供建筑玩具。宝洁公司发现，女性不像以前那样为丈夫选择个人护理产品，于是在大型零售商开设了专区。所谓的"男人通道"将男士产品用专门的货架展示在一个地方，甚至配备了小型电视显示器，帮助他们挑选合适的商品。[25]

6.3　女人如何超越女性刻板印象

高跟鞋、紧身衣、裙子上的波浪形裙摆、精致的发型，这一切时尚联合起来确保让富有的女性在没有帮助的情况下几乎无法行动，更不用说从事体力劳动了。社会在很多方面"合谋"将女性的角色假定为一种按预想自动实现的设定。

但今天，女性的角色显然也在发生变化！如谢丽尔·桑德伯格的《向前一步：女性、工作和领导意志》等畅销书，鼓励女性寻找新的方法来表达和看待自己，建议不应再期望女性成为家庭中的主要照顾者，也不应再以顾虑男性如何看待她们的方式来穿着。从工程到政治，女性在许多领域陆续打破了所谓的玻璃天花板。

随着这种演变的继续，许多文化都在排斥传统女性特质（hyperfeminine）的模范形象，取而代之的是一个聪明、自信、按自己的方式生活的女性形象。虽然大多数女性服装设计师仍然是男性，但随着迪奥（Dior）、普拉达、香奈儿（Chanel）和纪梵希（Givenchy）等知名时装公司任命女性来管理公司，这一性别结构正在发生变化。芬迪、斯特拉·麦卡特尼（Stella McCartney）和博德（Bode）等其他新创企业的领导者也加入了她们的行列。[26]

事实上，在2019年，英国甚至禁止了固化性别刻板印象的广告。[27]

观众更可能看到的是像英国皇家空军这类广告，该广告描绘了一位驾驶战斗机的女性飞行员，标语是"女性应该由行动而不是陈腐观念来定义"。[28]

6.4　外表对所有性别都很重要

正如许多营销人员理解的那样，形象管理是一件大事。尽管人们常说"美貌是肤浅的"，但现实是，我们基于外貌对一个人形成的判断是非常重要的。

请记住我们之前关于类别的讨论，因为它在这里起作用了。我们倾向于在几秒钟内就将一个人归入某个类别，而这一决定往往强烈地受到我们过往习得的（对的或错的）身体线索与潜在特征之间的关系的影响。我们"知道"红头发的人脾气火爆，肥胖的人懒惰，而且有充分证据表明，我们对"娃娃脸"的人存在偏见。观察者倾向于认为长娃娃脸的人也会表现出像孩子一样的特质，所以判断他们比其他人更不具敌意和更值得信赖。[29]这些都是毫无根据的刻板印象，但我们的大脑喜欢走捷径。这就是为什么我们中的许多人如此努力地控制别人的判断。

不是必须成为一个超级名模，才会"管理"你出现在别人面前的形象。事实上，我们每天都在这样做。否则，我们就不需要镜子了。60年前，社会学家欧文·戈夫曼（Erving Goffman）等人就印象管理的复杂过程撰写了大量论文。从那时起，大量的社会心理学研究已经实证地记录了打扮的过程，以及外表对周围人的判断所产生的巨大影响。这是我的错，我发表了我的那份研究报告。

重视长相好看的人，即心理学家称之为"颜值就是正义"的现象，是我们身边最普遍的偏见之一。最近的一个例子是，在线约会网站

BeautifulPeople.com 只允许有魅力的人加入，你必须让你的照片得到会员的认可才能注册。现在，它正在将其服务扩展至那些想要雇用"漂亮员工"的雇主。该网站的一位经理解释说："有吸引力的人往往能给客户留下更好的第一印象，赢得更多的业务，赚更多的钱。"[30]

无论是好是坏，他实际上是对的：一项研究报告称，根据随机抽取的观察者评估，在长相上排名倒数七分之一的美国工人的年收入，平均来说比在长相上排名前三分之一的类似工人的年收入少10%～15%；在典型的情况下，一生的差异约为23万美元。[31]

此外，我们对自身吸引力的感知也会深刻影响自我价值感。早在1902年，社会学家查尔斯·霍顿·库利（Charles Horton Cooley）就曾写道，镜子中的自我就像一种心理反射；当我们向他人发出信号并试图预测他们对我们的印象时，我们会解读自己的身份。

事实上，我自己的研究和其他人的工作都证实了"人靠衣装"这句老话的正确性。当我研究男性职业装在面试中的影响时，我发现在互动过程中穿外套打领带的男性会更自信，他们甚至会要求更高的起薪！

因此，尽管我们中的许多人不希望承认，但我们知道外表是非常重要的。而且，我们知道，对美丽（或英俊）的追求是推动数十亿美元消费的原因，因为消费者在寻找最新的伟大创新以帮助他们实现这一难以实现的目标。

当然，所有性别的人都会为自己的外表烦恼。但在历史上，甚至在今天，作为一个社会，我们往往更关心女性的外表。原因很简单：直到最近，一个女人的脸蛋和身材很可能是她唯一的经济资产。由于大多数女性从未被允许拥有财产、从事市场交易或积累金融财富，她们的"市场价值"取决于她们吸引富裕伴侣的能力。

6.4.1 男性美容市场

但需要澄清的是，我们认为一个人的价值和外表之间的联系并不局限于女人。事实上，随着越来越多的女人与男人竞争好工作，越来越多的男人开始意识到自己的外表的战略价值，也就不足为奇了。这有助于解释男性美容产品市场的快速增长——从2018年略高于600亿美元，到2024年预计达到810亿美元的体量。[32] 证据表明，在男性市场，这个过程的运作方式略有不同：男性最关心的问题是年龄歧视，以及为了保持竞争力而想方设法让自己看起来更年轻。所以，适合母鹅的好东西也适合公鹅。[33]

世界各地的营销人员正在跃跃欲试，为男人推出新的产品和服务。虽然女人在个人护理产品上的支出仍然比男人多，但相对增长的是男性市场。据预测，因为世界各地越来越多的男性开始沉迷于护肤品和其他化妆品，男性个人护理行业到2022年达到1 660亿美元。

而且，这一增长并不仅仅来自消费者购买更多的须后水。事实上，欧睿信息咨询公司（Euromonitor）2018年的一项调查显示，超过一半的美国男性受访者承认至少曾使用过一次粉底、遮瑕膏或BB霜等面部化妆品。[34] 超过300万的英国男性说他们会用"睫毛膏"和"眼线笔"之类的化妆品，其中1/3的用户是从他们的妻子或女友那里借化妆品，但在线零售商MMUK Man只销售男性专用产品。[35] 在中国，香奈儿推出了"香奈儿男孩"（Boy de Chanel）系列，目前正在全球推广。该品牌的网站宣称："美丽不分性别。"[36]

当然，没有人期望在不久的将来就看到长相平庸的男性画着眼线四处逛街的局面。变化总是令人不安的。并非所有人都准备好接受一个更友善、更温和的男性形象。男装品牌Bonobos的视频已经被观看了400多万次，但不喜欢视频内容的人次比点赞的人次多。

益普索（Ipsos）最近的一项调查显示，如今许多男性对讨论性别问题感到不舒服。大约 1/3 的人告诉研究人员,他们觉得自己被排除在不同性别定义的讨论之外,而 40% 的人表示他们实际上对这些对话感到厌烦或愤怒。一个可能的原因是:大约同样比例的人坦言,他们担心如果他们说出自己的想法,别人会攻击他们。调查还发现,男性比女性更有可能购买符合传统性别特征的产品,如玩具、书籍和游戏,在为女儿购买物品时尤其明显。[37]

6.4.2 挑战精英与大众的界限,设定自己的审美标准

无论是卡戴珊家族成员、詹妮弗·安妮斯顿(Jennifer Aniston)、詹妮弗·洛佩兹(Jennifer Lopez),还是布拉德·皮特(Brad Pitt)、瑞恩·高斯林(Ryan Gosling)、以赛亚·穆斯塔法(Isaiah Mustafa)和布莱克·谢尔顿(Blake Shelton),这些文化偶像继续成为数以百万计的男男女女的标杆,让他们梦想着自己有朝一日也能登上《人物》杂志的封面。

但现在与过去不同的是:不再是由社会精英(甚至不是我研究过的时尚杂志编辑)来决定谁性感、谁不性感。种族多样性的增加和互联网事件的曝光再次推动了选美标准的民主化。例如,在过去的 20 年左右的时间里,被《人物》杂志选为"世界最美"的男人和女人的肤色明显变深了,而且年龄也变大了。[38] 随着社会开始以多种方式看待美,女人们也开始接受不同于传统刻板印象的美,作为她们自我形象的一部分。例如,人们现在可以接受像战神公主西娜(Xena)或抓鬼猎人芭菲(Buffy)这样强健的美,或者接受像老年女性不再需要随着年纪老去而染发或适应禁闭,这样顺其自然的美。

纵观历史,外表美的标准通常由精英来定义,由拥有资源的富人追随效仿。事实上,工薪阶层女性可以走进商店买一件衣服,而不是在家里自制衣服,是近代才出现的现象。传统上,富有的女性委托

设计师定做一次性的款式，然后被其他追赶时髦的消费者抄款模仿（通常是用他们自己的缝纫机）。这就是为什么被大众市场抢购的所谓"设计师品牌"代表了一种逻辑上的矛盾，或者至少是对原创含义的私下抄袭。

今天，这一切都已时过境迁。随着我们当中越来越多的人获得了购买服装、化妆品和其他身份标志的能力，隔离精英和大众的牢笼已经被打开。所谓的大众消费阶层的崛起，模糊了下层和上层阶层的界限，至少在日常消费方面如此。

世界各地数以百万计的新阶层正在迅速获得令人瞩目的购买力。他们几乎可以不受限制地买到过去只有精英阶层才能获得的同类产品和服务。例如，家庭收入相当低的消费者至少在购买一些昂贵的小饰品上"挥霍"一下，在今天并不是什么稀罕事。在家庭收入低于7.5万美元的美国女性中，3/4的人拥有蒂芙尼（Tiffany）的小饰品，1/3的人购买过宝格丽（Bvlgari）的商品。[39]

从发型师、美容师到衣橱顾问，再到简历写手，专业的"身份美化管理"形式多样。仅在美国，医生每年进行的整容手术就接近86万次。在一些圈子里，隆鼻或隆胸是少女成年仪式的一部分，而越来越多的男性则选择做胸肌增大手术。

6.5　性别角色的演变促生新的消费市场

社会结构的变化为那些及时发现变化的人创造了新的商业机会。例如，到2030年，穆斯林人口将占地球人口的25%以上，分析家们预计届时美国的穆斯林人数将增加一倍以上。[40]在一些欧洲国家，穆斯林人口在该国总人口的占比将超过10%。[41]这是一个需要认真对待的消费市场。

果然，我们现在看到时尚企业在遵循宗教禁止过度暴露皮肤的禁令的同时，争相让传统的穆斯林女性参与到最前沿的时尚款式设计中。市面上越来越多的"适度时尚"（modest fashion）类别服饰，旨在掩盖而不是突出身材的形状。这些服装包括头巾、罩袍，以及以适度剪裁（modest cut）为特色的上衣、长裤、夹克和裙子。预计到2023年，适度时尚行业的价值将达到3 610亿美元。[42]

6.5.1 中性时尚的市场正在增长

随着双性同体（androgyny）概念变得火热，肯定会带动大量的机会。双性同体指的是同时拥有男性和女性的特征。[43]双性同体的人日益普遍（或至少是越来越多的人将双性特征表现出来），摧毁了过往指导许多营销策略的传统性别二分法。[44]

这并不是一个全新的概念！在19世纪末日本的性观念西化之前，被称为若众（wakashu）的青少年男性，无论是男性还是女性都可以与之发生关系，这种性别角色在现代日本的早期被视为美的化身。[45]

今天，许多流行文化偶像都是双性同体的典型代表，如《洛基恐怖秀》（*Rocky Horror Picture Show*）中的弗兰克·弗尔特博士（Frank-N-Furter，该角色最初由蒂姆·库里扮演），还有名人变装皇后鲁保罗（RuPaul）、喜剧演员埃迪·伊扎德（Eddie Izzard）、歌手Lady Gaga、纽约娃娃乐队（the New York Dolls）、安妮·蓝妮克丝（Annie Lennox）和已经过世的美国歌手王子（Prince）。

正如我们所料，这种模糊的性别界限在某些文化中比在另一些文化中得到更广泛的认可。例如，尽管亚洲文化对同性恋的接受程度各不相同，但大多数亚洲人不会认为具有女性特质的男人是同性恋。一项针对韩国消费者的调查发现，在40岁以下的消费者中，超过66%的男性和57%的女性过着自称为"双性同体"的生活，但受访者并未将这些选择与性取向联系起来。虽然韩国人把有女性化兴趣的男性称为"花男",但他们并不认为这是贬义词。[46] 在日本,被称为"男女孩"(gyaru-o)的男人在城市街道上随处可见。他们精心晒黑皮肤,化着精致的妆容(通常是异性恋),在东京的时尚精品店里闲逛。[47]

在西方时尚界,双性同体也不是什么新鲜事。几个世纪以来,欧洲的男性贵族都戴着假发,穿着白色的长筒袜,衣服上还有很多褶边和花边。小说家乔治·桑(George Sand)身穿她的夹克和裤子,在19世纪的巴黎赚足了回头率,而玛琳·迪特里希(Marlene Dietrich)和凯瑟琳·赫本(Katharine Hepburn)则在20世纪推动了女性西装的普及。17世纪的欧洲男子还穿着高跟鞋来表达自己是上层社会的地位。

20世纪60年代,男人的长发错落有致地垂在他们的花衬衫上,模特崔姬(Twiggy)启发了女人接受更为男性化的没有起伏的身材。维维安·韦斯特伍德(Vivienne Westwood)、让·保罗·高缇耶(Jean Paul Gaultier)、思琳(Céline)和普拉达等知名设计公司为女性提供了男性化的剪裁,也为男性提供了高跟靴子。早在1994年,MAC化妆品公司就启用鲁保罗作为其名人代言人。Calvin Klein在20世纪90年代推出了男女皆宜的CK One香水。近年来,我们已经看到许多其他中性香水面市,如香奈儿的Les Eaux de Chanel。

虽然双性同体可能不是一个新的概念,但现在越来越多的人接受了它。这就是为什么它现在是一个如此有吸引力的营销机会。事实上,在2018年,全球推出的香水中有51%被认为是中性或性别中立的。[48]

现在,古驰、博柏利(Burberry)和巴黎世家(Balenciaga)已经通过将女装和男装的时装秀结合起来,完全摆脱了性别区分。巴黎世家的创意总监评论道:"性别不再存在。男人或女人,我们可以选择自己想成为什么样的人。"[49] H&M和阿贝克隆比(Abercrombie)推出了中性服装系列，而零售商塔吉特在商店标识和玩具部门的终端展示中也去除了"男孩和女孩"的区分。就连给我们带来了过度凸显性别特征的芭比娃娃的美泰公司，最近也推出了一系列性别中立的娃娃产品。[50]

6.5.2　LGBTQIA+ 市场正在崛起

让我们从这个角度来看，LGBTQIA+（女同性恋、男同性恋、双性恋、变性人、不确定者、间性人、无性人和其他人）仅在美国的人口规模就大约是拉美裔美国人或非裔美国人亚文化群体规模的 1/3。LGBTQIA+ 群体的购买力估计接近 1 万亿美元。

根据一项大型调查，美国总人口中大约 13% 的人认为自己是 LGBTQIA+。[51] 在欧盟进行的一项类似调查显示，5.9% 的欧洲人属于这些类别。约 10% 的受访者表示，他们"不仅仅"是异性恋者。[52] 这些数字可能还是保守的。耶鲁大学公共卫生学院（Yale School of Public Health）进行的一项全球研究发现，83% 的女同性恋、男同性恋或双性恋者对他们生活中的所有人或大多数人隐瞒了自己的性取向。[53]

至少在西方世界，各种规范正在迅速演变。同志骄傲运动（The Pride movement）已经进入了主流社会。许多主流品牌，包括李维斯、Abercrombie and Fitch、马汀博士（Doc Martens）、阿迪达斯、范斯（Vans）、H&M、安德玛（Under Armour）、Calvin Klein、Dockers、沃比·帕克眼镜和 Everlane，现在都提供同性恋 Pride 系列产品。在美国，包括国家橄榄球联盟（NFL）在内的每一个主要运动项目都提供 Pride 系列收藏品。[54]

尽管如此，因为营销人员争先恐后地要赢得同性恋群体的青睐，但是过犹不及，我们还是看到了一些值得注意的失误。在英国，玛莎百货（Marks and Spencer）曾经试图销售一款 LGBT 三明治：在涂抹鳄梨酱的培根、生菜和番茄三明治（BLT）的包装上，加上了彩虹的颜色装饰。一些顾客不以为然。一位女士发帖称："@marksandspencer 的好伙计们，把我们的文化和身份变成了一个三明治，真是可耻！"[55]

最近，文化焦点转向 LGBTQIA+ 缩写中的 T。变性人突然变得更加引人注目。毫无疑问，变性人受特别关注的新趋势与媒体对美国热播电视剧《女子监狱》（Orange Is the New Black）中的一个角色的关注有关，当然也与前运动员和电视真人秀明星布鲁斯·詹纳（Bruce Jenner）在几年前以她的新身份凯特琳·詹纳（Caitlin Jenner）登上《时尚》杂志封面的事件有关。贝纳通的核心品牌色彩联盟（United Colors of Benetton）在一次广告活动中启用了巴西变性模特 Lea T 代言，引起了轰动。[56]

6.5.3 第三种性别（以及更多）

随着全球第三性别运动（thirdgender movement）的兴起，我们对性别的定义也在不断发展。

（1）澳大利亚高等法院裁定，允许个人在官方文件上将性别登记为"非特定"性别。

（2）尼泊尔发放带有"第三性别"类别的公民证书。

（3）德国允许间性人儿童（出生时有两种性器官或性别特征模糊的儿童）的父母在他们的出生证上标上一个 X。[57]

（4）美国加利福尼亚州允许居民在其驾驶执照上申报"第三性别"。[58]

（5）脸书允许用户在 58 种性别定义中进行选择，同时还提供了一个填写选项，填写范围从"性别不固定"到"间于不同性别之间"

以及简单的"以上都不是"。[59]其他社交网络和一些约会应用程序也纷纷效仿。

（6）加利福尼亚大学与全美各地的大学一样，在其申请系统中除了列有变性人、男性和女性之外，还增加了"非常规性别"（gender nonconforming）和"性别酷儿"（genderqueer）选项。

性别二元论，即将性别划分为男性和女性两种截然不同、对立、不相关的形式，似乎正在让位给性别扭转者或"扭转"传统性别角色的人。[60]

大多数社会科学家总是把性（sexuality）看作是一个连续体，而不是一个二分类别变量。男性气概和女性气质是在不同文化和历史时期含义有所不同的社会构念。然而，在西方文化中，我们似乎已经演进到了一个分水岭，人们甚至对性的连续体中的分类锚点都提出了质疑。

分隔男人和女人的牢笼从未像现在这样脆弱。

本章启示

- 性别认同是消费者自我概念的一个重要组成部分。人们通常遵从文化对自己的性别应该如何行动、穿着和消费的期望行事。
- 广告商通常沿用传统的性别刻板印象，但消费者接受将其划分为男女对立模式的意愿正在迅速减弱。特别是对年轻的消费者来说，性别二元论正在变为陈词滥调。
- 无论何时，你的顾客都会对那些体现出他们认为有吸引力属性的角色榜样产生更积极的反应，但是这些榜样不再由文化精英或老牌传媒手段主导决定。

- 随着传统的男性与女性二分法的瓦解，性别角色的重大变化创造了开发巨大新市场的潜力。因为我们看到了包括双性同体等逐渐涌现的运动，不断增长的第三性别和LGBTQIA+人口，以及对"适度时尚"日益增长的需求。

第 7 章

拒绝割裂品牌和自我身份的消费者

情绪低落？出去给自己买点东西，一件不够就买两件。我们中有多少人相信这种陈词滥调？但对那些喜欢"购物至死"的人来说，这有个好消息。有些研究证据表明，买东西的决定确实让我们感觉变好。[1] 这可能是因为在我们疲于应对不容易控制的问题时，选购行为可以让我们获得控制感。不管这是否有效（尤其是在收到账单后），大多数美国人承认他们会用"购物疗法"来调节自己的情绪。

7.1 为什么品牌非常重要

显然，产品和服务与我们的感觉和行为有关。但是，这些联系有多紧密，对营销人员有多重要？剧透一下答案是：①非常紧密；②非常重要。

令人惊讶的是，许多营销理论和实践并没有充分认识到这些联系。当然，现代广告的策略经常描绘出一幅令人向往的画面：如果你购买了某品牌，就会变成什么样子。但是，这些创意总监描绘的美好画面，往往与他们以利润为中心的企业客户对人们购买和消费的真正原因的理解脱节。我们中的许多人，甚至包括许多经验丰富的营销人员，都会割裂地看待"我"和"我买的东西"。出现这种情况的原因有几个方面。

我们倾向于关注产品的功能属性（如汽车的油耗），而不是它给人带来的主观上的利益（例如，用崭新的跑车给你的朋友留下深刻印象）。简单化地看待因果关系（现代主义视角）往往让我们看不透品牌主人翁精神（brand ownership）在长期心理层面上的内涵。例如，用一个量化量表询问研究对象购买一种新香水的可能性，与探究该产品在社交互动中如何成为她的"盟友"，是截然不同的。对品牌意义的大多数评估都采用了高度机械化的方法。调研人员试图通过简单的量表来衡量品牌资产，如选 1 表示不同意，选 7 表示高度同意，要求消费者量化他们对品牌表现的满意程度。这些研究没有挖掘出产品或服务与消费者身份之间多种联系中存在的重要的细微差别。

最后，产品选择与自我认同的关系直到最近才变得像今天这样紧密。这是因为人们几千年来使用传统标记和准则仍然很坚实，这些标记包括出生地（可能还有死亡地）、宗教、社会地位和家族血统。在后现代时代到来之前，在很多情况下，选择什么品牌早已注定，人们能选择的范围相对小。

例如，在粗略且同质化地细分市场的时代，界定社会类别的品牌也相当雷同。因此，20 世纪 50 年代或 60 年代初的上班族在服装上没有太多的选择，穿标准的白衬衫或者大胆的浅蓝色，仅此而已。而同一时代的家庭主妇则依靠那些拥有巨大市场份额的家喻户晓的"居家品牌"来填充她的食物储藏室。许多选择都被预设了结果，当时的社会几乎不能容忍人们偏离既定的模式。一些文化制定了明确的规则（被称为禁奢令），规定某些社会阶层和职业可以穿哪些特定服装，甚至限定了服装的颜色。这些传统一直延续至今，日本的着装手册详细说明了不同地位的人的穿着规范和称呼方式。

事实上，通过选择来表达独特的"自我"，在许多文化中人们对这种观念是比较陌生的。许多东方文化强调集体自我（collective self）的重要性，一个人的身份在很大程度上源自其所在的社会群体。

东方人倾向于关注在相互依赖关系中的自我，而西方人则主要通过自己与他人的关系来定义自己。例如，儒家强调"面子"的重要性：别人对自己的看法，并保持自己在他人眼中的理想地位。

7.1.1 品牌共鸣

我们当然重视所买的东西，因为我们需要用它们完成某些事情。但是，更深一层地思考品牌意义，我们就会理解为什么我们的财产真的很重要。事实上，有许多方面的原因会让人们产生我和同事称之为品牌共鸣的反应。品牌共鸣是指品牌含义在根本上打动消费者的程度。一个能引起共鸣的品牌会让你打心底里喜欢它，因为它能够在某些方面帮助你表露你是什么样的人。[2]

以下是一些关于品牌共鸣的例子。你可以在 www.michaelsolomon.com 下载一份更详尽的"品牌共鸣审核"列表。

（1）相互依赖。你的品牌的意义是否与消费者的日常生活完美结合，变成了习惯、仪式和惯例？品牌实例：联合利华旗下的 Ben & Jerry's 冰淇淋。

（2）亲切感。是否有"内部人士"熟悉你的品牌发展的详细历程，包括拳头产品的开发细节、产品创造者的佳话，以及鲜为人知的"品牌琐事"或真事？品牌实例：飞人乔丹（Air Jordan）运动鞋。

（3）品类共鸣。你的品牌在其品类中是否具有标志性，顾客会把它作为比较其他品牌的参照基准吗？品牌实例：哈雷－戴维森（Harley-Davidson）摩托车。

7.1.2 品牌和个人身份

在我们深入探究产品和我们个人身份之间的联系之前，让我们简单地考虑一下我们所说的"自我"是什么意思。自我概念汇总了一个人对自己的属性的看法，以及他或她对自己在这些属性方面的状态的评价。即使你的整体自我概念是积极正面的，你对某些方面的评价肯定高于你对其他方面的评价。人们会从内容维度（如外貌吸引力和心理素质）、正面与否（如自尊）、强度、随时间推移的稳定性、准确性（即个人自我评估与现实相符的程度）等方面的属性来描述自我概念。

一个人的自我概念总是在处于修正过程中。有些方面是相当稳定的，但每个人在生活中砥砺前行时，尤其是当我们发现新的想法、令人钦佩的社会群体，以及通过营销传播渠道了解到某些类型的人比其他人得到更多的赞许时，我们都会修改自我概念中的一些要素。构成自我概念的每一个要素都是一种身份，有些身份很稳定，如母亲、非裔美国人等，而另一些身份则相对短暂，并且容易改变，如自由主义者、大学生和丰田普锐斯轿车的司机。

营销人员理解消费者如何采纳特定身份，是至关重要的。然后，他们可以开发产品和传播信息，以满足人们想与特定身份建立关联的需要。因此，举例来说，与不怎么重视环境问题的人相比，一个认为自己对环境负责的人更可能驾驶普锐斯混合动力轿车，更可能关注"绿色"产品。

现实自我和理想自我

当消费者用现实中自己的某些方面与理想比较时，其判断会影响自尊。他或她可能会问："我有自己希望的那样好看吗？"或者"我赚到我本应赚到的收入了吗？"理想的自我是个人对他或她想成为什么样的人的构想，而现实自我是指我们对自己拥有或欠缺的品质的更现实的评价。

除非一个人过于自我膨胀（我们都认识一些这样的人），否则我们大多数人都会感受到现实自我和理想自我之间的落差。毕竟，我们每个人都是一部不断完善的作品。当我们细想我们的网球比赛、工作头衔或凝视镜子中的映像时，我们通常认为自己还没有达到理想的状态。

但对一些消费者来说，这种落差尤其大。这些人是采用幻想诉求开展营销传播的绝佳目标人群。幻想或白日梦是一种自我诱导的意识转移，有时是弥补缺乏外部刺激的生活，或者逃避现实世界问题的一种方式。许多产品和服务之所以成功，是因为它们满足了我们的幻想。一则广告可能把我们带到一个陌生的、令人兴奋的环境中；我们购买的东西可能让我们"尝试"有趣或刺激的角色。

在这方面，让我们花点时间重温消费者决策的一个基本原则：顾客每做出一个选择都面临一定的风险，帮助顾客降低这种风险的解决方案较为可能取得成功。记住这个原则很重要，它指出了让顾客在无风险环境下进行试用的科技具有投资价值的原因之一。

例如，如果一个女士选择了一种全新的发色或发型，最终结果与她想象的不同，她就在冒很大的风险。不要试图安慰她说："别担心，头发还会再长出来的！"

直到不久前，她还只能试着想象新造型会是什么样子。但今天，像 stylecaster.com、myvirtualmodel.com、美宝莲（Maybelline）的虚拟化妆工具等众多网站和沃比·帕克的手机应用程序提供了一种无风险的方式，让消费者看到调整发型、妆容、眼镜甚至是胸围等身材尺寸的效果。

除了全新的发型外，这类创造无风险环境的科技便捷工具对许多产品来说也是极为宝贵的。汽车设计、家居装饰和整形手术等行业的营销人员显然是欢迎这些新方法的人选。

我们选购某些产品是因为我们认为它们符合现实中的自我，而选购另一些产品则有助于我们实现理想中的自我标准。如第 6 章所述，人们时常投入印象管理活动，努力"管理"别人对我们的看法。我们会策略性地选择着装和其他产品，以向别人展示我们的良好形象。

约会应用程序Tinder有一项名为"智能照片"的功能，它利用算法分析你的个人资料照片中哪些拍得最好，并为你排列顺序，以期让更多人选中你，提高你的约会机会。正如Tinder的创始人所说："第一印象很重要。我们让用户能展现出他们最好的一面。"[3]

某种意义上说，我们每个人都是由许多不同的自我构成的。例如，你的母亲可能认不出凌晨两点出现在聚会上的那个"你"。我们扮演多少个社会角色，就有多少个自我。根据不同的情况，我们会表现出不同的行为，使用不同的产品和服务，甚至对我们展露的那一面自我的喜爱程度也有所不同。

一个人可能需要为扮演她的每一个角色，准备不同的产品套系。当她扮演职业角色时，她可能会选择一款稳重、低调的香水，但当她在周六晚上变身为时尚美女时，就会喷上一些更加诱人的香水。

事实上，有些研究人格的心理学家甚至认为，根本不存在稳定的人格，因为随着我们对周围环境的感知变化，就会浮现出不同方面的自我。像监狱这类想压制个性的机构，它们的首要行为之一就是没收个人财产和发放标准化的装备。这种做法并非巧合。

当我们失去财产时，我们与财产之间的联系就会变得非常让人在意。入室盗窃和自然灾害的受害者通常会产生疏远感、抑郁感或被"侵犯"的感觉。一位消费者在被抢劫后的评论很有代表性："这是仅次于丧亲之痛的事情，就像被强暴一样。"[4]入室盗窃的受害者的社区意识会变弱，感受到隐私权下降，对自己房子的外观的自豪感也不如邻居们。[5]

著名的营销研究者，大文豪威廉·莎士比亚把世界比作一个舞台。从戏剧学的视角看待消费者行为，人们就像扮演不同角色的演员。我们每个人都扮演着许多角色，而且每个角色都有自己的剧本、道具和服装。自我具有不同的组成部分或者角色身份，在既定的时间里，只有其中一部分角色是活跃的。有些身份（如丈夫、老板、学生）对自我来说比其他身份更重要，但其他身份（如舞者、设备发烧友或帮扶流浪汉的人）可能在特定情况下占主导地位。[6]

7.1.3 针对不同自我开展差异营销

从战略上讲，在推销需要客户分担特定角色扮演的产品之前，营销人员应确保激活适当的角色身份。一种直白的做法是在人们可以很清楚地意识到这种角色身份的环境中投放广告信息。例如，功能饮料和能量棒公司在马拉松比赛中向参赛者分发免费产品样品。

我发现把你的顾客看作一个演员，他在某个时刻需要服装、道具和舞台布景，这种视角真的很有帮助。换句话说：每个角色都需要服装、家具和各种其他产品，你能提供什么？

正如我喜欢说的（也许说太多了）："我们买东西不是因为它们能做什么，而是因为这些东西对我们意味着什么。"希望这段题外话能让你相信，我们购买的产品和服务确实会影响我们的本性，当然也会影响别人对我们的看法。

这种理解对营销人员来说非常宝贵，因为他们的工作产出就是帮助人们实现此目的。像服装制造商这类人们意料之中的企业最可能已经意识到了这一点，但我经常惊讶于还有许多本应洞悉这种关系的品牌经理似乎没能理解它。如果你销售食品和饮料、汽车、家居装饰、办公用品、金融产品、医疗保健品，或者许许多多其他商品（也包括与之配套的服务），角色与产品之间的联系对理解和实施营销战略和战术是至关重要的。

但是，即使我提出的人与产品之间关系的论点就像对唱诗班传教一样，这个背景里仍隐藏着一个有趣的因果关系问题（多亏了那些现代主义者）。是我们购买的产品塑造了自我，还是我们会选购与自我概念一致的产品？换句话说，是消费者战略性地、仔细地选择那些能表达他们自我概念的产品和服务，还是反过来发挥作用的？我们所消费的东西真正有助于塑造我们的本性吗？让我们来看看这两种因果顺序（剧透：两种顺序关系都是有效且重要的）。

7.2 我们选购符合自我概念的产品

正如著名心理学家威廉·詹姆斯（William James）早在1890年所写的那样："一个人的自我就是所有他能称之为自己的东西的总和。"[7] 那可是在Supreme服装、NutriBullet破壁机和Beats耳机面市之前！

不出所料，有研究表明，我们倾向于选择属性特征与我们自我某些方面匹配的产品。[8] 一项经典研究发现，驾驶庞蒂克（Pontiac）轿车的司机认为自己比大众汽车的司机更活跃，更有魅力。[9] 其他研究报告表明，在牙膏和香烟等多种产品中也存在类似的匹配关系。[10]

对自我概念的看法一致的人，相互之间会形成坚固的关系。当别人批评我们最喜欢的品牌时，我们甚至会采取防御措施。在一项关于自我形象一致性的研究中，一位年轻的男性受访者说得好："我的宝马汽车是我的队友，我的孪生兄弟。我永远不会因为另一辆车而贬低它，因为那就像贬低我的孪生兄弟，或者更糟，像贬低我自己。"[11] 他不是唯一一个这样做的人，许多美国人都给他们的车起绰号，并把它们视为自己的孩子（或爱人）。

消费者与他们的财物形成各种各样的联系，有爱有恨（如"为什么我的电脑跟我过不去？"），[12] 而且分手可能是痛苦的。有关研究表明，在消费者结束一段品牌关系后，他们通常还会说"前任"的坏话，甚至试图破坏它。[13]

7.3 神圣的消费和世俗的消费

我们买的许多东西，从电器到配件，当然都有意义。其中一些意义比其他的更明显，但通常如果你挖掘得足够深，就可以从看似非常平凡的购买中洞察出很多见解。一个把钱花在榨汁机或健身自行车上的人，可能是在表达他对健康的重视（至于他是否真的使用这些设备则是另一回事）。在家中显眼处摆放昂贵的 Sub-Zero 冰箱或 Viking 燃气灶，主人更多地是想表达自己有能力负担这些"玩具"，而不为了展示他或她的烹饪技巧。事实上，在一些发展中国家，诸如冰箱、卫星天线（实际上有可能没有连接使用），甚至是厕所等日常用品都是身份的象征。[14]

即便如此，一些产品、服务和体验显然比其他的更有意义。营销人员需要意识到这一点，因为这些洞见极大地影响营销人员如何理解自己销售的产品，以及如何为顾客包装相关的意义。有时候，这些隐含的意义只有在一家公司忽视它们的时候才会显露出来。例如，最近耐克公司不得不撤下一条新的专业文身技术装备女装系列，因为有消息称该公司使用的图案来自只适用于男性的神圣的萨摩亚文身（Samoan tattoo）。消费者在 Change.org 网站发起了请愿活动，并在耐克品牌的脸书页面上发表了大量负面评论。[15]

意义的一个重要但经常被忽视的方面，就是人类学家所说的神圣（sacred）与世俗（profane）的二分法。当我们把物品和事件从日常活动中"分离"开来，并以尊重或敬畏的态度对待它们时，就会出现神圣的消费。请注意，尽管宗教制品和仪式通常被视为是神圣的，在这种情况下"神圣"一词不一定带有宗教意义。神圣的物品和体验不一定很昂贵或奢侈。例如，一个人在书架上自豪地展示他珍爱的火柴盒收藏品，在这种情况下火柴盒可能是神圣的。至于什么是神圣的，基本上是见仁见智的问题。

相比之下，世俗的消费描述的是普通或日常的物体和事件；它们不具有神圣的"特殊性"。再次请注意，在这种情况下，我们并不把"世俗"一词等同于下流（obscenity），尽管这两个词的含义有一些相似之处。但至少在过去，这两个词的范畴并不重叠。在销售物质产品的过程中提及有组织的宗教，传统上是一种禁忌（也许不包括圣诞销售）。

7.3.1　通过营销使世俗的东西神圣化

无处不在的消费文化赋予物品、事件甚至人以神圣的意义。我们中的许多人把诸如超级碗这样的活动以及猫王这样的人视为神圣的。甚至华盛顿特区的美国国立博物馆（Smithsonian Institution）也有一个"神圣的物品"展区，展出《绿野仙踪》中的红宝石拖鞋、《星际迷航》中的相位仪、电视剧《全家福》（All in the Family）中亚奇·邦克（Archie Bunker）的座椅等物品。[16] 卢浮宫里展出的蒙娜丽莎画像，由于太多游客渴望与这一画面很小的杰作自拍，如今人们几乎无法接近她。柯克船长①的武器在美国国立博物馆展出时像卢浮宫里的蒙娜丽莎一样受到尊崇，说明情况正在发生变化。

营销人员有时会找到使产品神圣化的机会。例如，越来越多公司采用所谓的"产品投放"（product drops）②的方法，销售限量版新产品来加速这一进程。德国旅行箱品牌日默瓦（Rimowa）与街头品牌Supreme合作推出了一个手提箱系列，定价高达1 600美元起，并且直到发布日期的前三天才对市场宣布，结果整个系列在16秒内就

---

① 柯克船长是《星际迷航》的一名虚构角色，是《星际迷航》的第一部电视剧和前六部电影的主角。——译者注

② 产品投放是2018年后兴起的营销手法。商家在特定的时间和地点，限量发售新产品，为新产品创造轰动效应。它的时间跨度比常规的闪购更短，以营造稀缺感，刺激顾客抢先拥有该新产品的冲动。同时，产品投放也可以帮助零售企业测试新产品的市场反应，避免库存积压。如果产品投放成功，有些品牌会进行第二波投放或者更广泛地供应该产品。——译者注

被抢购一空。[17] 又如，旅游营销人员可以把度假变成神圣的事件（即特殊的经历），即便顾客的牧师根本不认同他或她的冒险之旅是神圣的——毕竟，在拉斯维加斯发生的事，就留在拉斯维加斯吧。

另一个创新策略是将神圣的地方和经历"产品化"。当阿姆斯特丹的阿贾克斯（Ajax）足球队从之前旧的 De Meern 体育场搬到更大、更现代的 De Arena 体育场时，旧体育场的草皮被小心翼翼地从地上移走，卖给当地的一个教堂墓地。墓地将草皮提供给愿意支付溢价的球迷，让他们埋葬在真正的阿贾克斯草皮下！[①] 英雄所见略同。几年前，纽约市的老扬基体育场（Yankee Stadium）为了给建新场馆腾空间而关闭，一家有开创精神的公司争取到了原始草皮，并将其冷冻干燥后以"神龛"的形式出售。[18]

7.3.2　高雅艺术与低俗艺术

大众寻求散心消遣，而艺术则要求观众专注。
——《机械复制时代的艺术作品》，沃尔特·本杰明，1936 年

问题：贝多芬和德雷克（Drake）[②]有什么共同之处？尽管我们会认为这位著名的作曲家和说唱歌手都与音乐有关，但是许多人觉得他们之间的相似性仅限于此。

除了将一些物品和经历视为神圣的或世俗的之外，我们倾向于对艺术做出类似的区分，分为"高雅艺术"和"低俗艺术"。人们通过展示收藏品或设置 VIP 通行限制的方法，在物理上将神圣的物品和

---

① 阿贾克斯足球队成立于 1900 年，被誉为世界第一的球星加工厂，拥有辉煌的战绩，是世界上最成功的十家球队之一，也是荷兰最成功及最受欢迎的足球俱乐部，因此被大量球迷视为神圣之物。——译者注
② 奥布瑞·德雷克·格瑞汉，1986 年出生于加拿大，说唱歌手、词曲作者、演员、商人，拥有加拿大、美国双国籍。

体验与其他东西区隔开来。有时我们可以从字面上看出区别："高雅艺术"往往被一层玻璃或者一个令人生畏的博物馆警卫挡起来；"低俗艺术"则以印有图案的T恤衫、纪念钥匙扣或堆放在当地加油站出售的天鹅绒画作等形式存在，让人近距离接触。

嗯，这是一种精英化的艺术观，不是吗？事实上，这种二分法总是有一抹势利的色彩，将品位等同于金钱。有钱人"得到"真正的艺术，而我们其他人只能凑合用低俗的复制品。

长期以来，这种对审美产品的分类的世界观一直是常态。例如，法国理论家皮埃尔·布迪厄（Pierre Bourdieu）详细论述了人们如何争夺资源或资本。布迪厄做了大规模的调查来追踪人们的财富，并探讨这种"经济资本"与娱乐和艺术的品位模式之间的联系。他的结论是："品位"是一种身份标记实力，他称之为习惯，正是它引起了消费偏好的聚集和分化。后来研究人员对美国消费者的实证分析很大程度上证实了这些关系。例如，收入较高的人比一般消费者更可能去剧院，而收入较低的人则更可能去看摔跤比赛。[19]

在一项关于品位的社会差异的经典研究中，研究人员在房主坐在客厅时，对其财产进行了分类记录，并询问了房主的收入和职业。他们发现了家具和家居装饰的集群模式，它们似乎以一定规律出现在一起，并且随消费者社会地位的变化而呈现不同的集群。例如，他们在地位相对较低的人的客厅里往往会发现宗教物品、人造花和静物肖像，而在地位较高的家庭中记录下的物件则可能是抽象画、雕塑和现代家具。[20]

7.3.3 艺术品与工艺品

我们对艺术品和工艺品也做了类似的区分。我们欣赏艺术品完全是因为它的美，而我们渴望得到工艺品是因为它漂亮且确实有用，如手工雕刻的鱼形诱饵。此外，工艺品往往是大规模生产的。[21]我们可能会把一件工艺品当作艺术品来欣赏（就像有些博物馆展出的编织篮子），但这些一次性的作品并不是由篮子工厂大批量生产的。[22]

然而，传统上将艺术品和工艺品分开的笼子也正在打开。就像那些篮子一样，工艺品可以作为艺术品来展示，而艺术品也可以作为工艺品来批量生产。这就解释了为什么在开市客（Costco）这样的仓储式会员商店里，很容易在汽车轮胎或早餐麦片旁边找到巴勃罗·毕加索（Pablo Picasso）、马克·夏加尔（Marc Chagall）和琼·米罗（Joan Miró）的"限量版"平板印刷画。

已故艺术家托马斯·金凯德（Thomas Kinkade）的作品完美地展示了艺术和工艺之间的碰撞。虽然金凯德已于2012年去世，但他的工作室仍在加州的一家工厂里继续大量生产他的作品。那里有一条真正的生产线，喷头在复制品滚过生产线时，给它们涂抹上油彩。他的遗嘱还授权在乐至宝躺椅（La-Z-Boy）、咖啡杯，甚至是浪漫小说的封面上印上他的画作。[23]

7.3.4　我们对艺术品的定义正在扩展

艺术品是一个大市场，2018年全球艺术品交易市值高达670亿美元。[24]随着艺术品生意的范畴急剧扩大，高雅艺术与低俗艺术之间的壁垒开始瓦解了。尤其是手提包，购买手提包似乎不再是一种情绪化的冲动行为，而是一项投资决策。[25]名为Rebag的奢侈手提包转售网站使用一种算法，向手提包的所有者显示如果把他们的包卖给Rebag，立即显示包的转售现货价格。他们可以持续跟踪这些价格，以决定何时购买或出售。①同样，运动鞋爱好者可以在StockX网站上

---

① Rebag在2019年推出了综合奢侈品转售评估指数（Clair），可以确认50多个品牌、1万多款手提包的报价，并在消费者提供了其正在关注或已经拥有的手提包的产品信息后，立即显示转售价格。这一算法缩短了奢侈品的报价时间，提高了交易的透明性。——译者注

购买和交易旧版经典款运动鞋，以及用类似的方法在该平台上交易手表和包。这种逻辑也可能适用于其他垂直领域，如工具、罕见食材和稀有饮料产品，或者甚至是限量到访的参观体验。

一系列正在涌现的新的商业平台，加速了放纵消费（indulgence）[①]与投资之间界限的模糊化。其中一些，如 Reel 和 Cashmere，实际上恢复了过去百货公司提供的老式分期付款计划，而其他一些则对先租后买业务（rent-to-own）注入了新的活力。当然，像 Rent the Runway 这类租赁服务平台的经营理念也得到了重视。一个新的变化是人们在 Stepladder 这样的平台上进行合作储蓄（collaborative savings），一群踌躇满志的奢侈品拥有者将资金筹集起来，轮流兑现以购买昂贵的物品。[26] 随着时尚界努力从新冠疫情的严重打击中恢复，我们可以预见，许多时尚消费者会放弃对廉价、快速时尚的迷恋，更加关注投资性装扮。

7.4　改善品牌体验

持续进行消费已经成为新的常规，加上世界各地许多消费者日益富裕，这意味着现在的营销人员比以往任何时候都更需要理解我所说的产品和服务的"深层含义"。

可悲的事实（至少据我所知）是，即使品牌经理相信他们的选择是自切片面包面市以来最好的东西，大多数消费者并没有感受到主要的竞争性品牌之间存在巨大的差异。他们认为它们都运作得相当好。但是在传统品类中，市场上一两个品牌鹤立鸡群的情况很常见。为什么呢？因为它们有令人愉悦的设计或引人入胜的故事（下文会详细介

[①] 放纵消费指消费者面对放纵自己享乐的机会时，在不考虑刺激物对自己或他人负面影响的情况下，做出的快速的、无计划的购买反应。——译者注

绍）。因此，品牌体验是区分优胜者和落后者的关键因素。这种体验往往是通过产品的设计而不是其功能来实现的。

我们可能会认为，如果某些东西看起来赏心悦目，它就不如其他基础款的替代品那么实用。但是，美丽与实用之间这种传统的区别正在迅速消失。随着制造成本的下降和人们积累的"东西"数量越来越多，消费者希望购买能提供享乐价值（即愉悦）的东西，而不是购买仅仅具有使用功能的产品。

呆伯特（Dilbert）①的一幅漫画调侃了这种趋势，漫画中的产品设计师宣称："追求质量已是明日黄花。今天我们关注的是产品带来的情感影响。"撇开乐趣不谈，人们现在对情感体验的关注与心理学研究结果是一致的，也就是随着收入的增加，人们更喜欢额外的体验而不是额外的财产。[27]

在这种环境下，形式就是功能。两位年轻的企业家亚当·洛瑞（Adam Lowry）和埃里克·瑞安（Eric Ryan）发现了这个根本性的事实。他们辞去日常工作，开发了一个名为Method家庭清洁产品系列。清洁产品，多么令人厌烦，对吗？

再想想吧。多年来，像宝洁公司这样的公司一直在艰难前行，向一代又一代家庭主妇兜售无聊的肥皂粉。她们默默地忍受着擦洗和抛光的重复家务，渴望每天有时间喝一杯马提尼酒休息一下。洛瑞和瑞安赌了一把，他们给家庭主妇提供了一种替代性产品：带有黄瓜、薰衣草和依兰花等奇异气味的清洁剂，并配以美观的瓶子。这个赌注得到了回报。在两年内，这对从事清洁行业的合伙人收入超过200万美元。此后不久，塔吉特公司和他们签订了在其商店销售Method产品的合约，洛瑞和瑞安大获成功。[28]

塔吉特的疯狂是有原因的。设计不再是那些从未接近过清洁产

---

① 呆伯特是斯科特·亚当斯（Scott Adams）在20世纪90年代创造的一个漫画人物。亚当斯描绘了一个倒霉的技术职业者呆伯特和愤世嫉俗的狗伯特的生活经历，并由此形成了一系列著名的商业、职场讽刺漫画。——译者注

品而对其反感的上层精英人士的专利范畴。在这家连锁超市的支持下，卡里姆·拉希德（Karim Rashid）、迈克尔·格雷夫斯（Michael Graves）、菲利普·斯塔克（Philippe Starck）、托德·奥尔德姆（Todd Oldham）和艾萨克·米兹拉希（Isaac Mizrahi）等设计师成为了家喻户晓的人。

事实上，有关研究表明，我们的大脑会欣赏好的设计。研究人员将被调查者的大脑连接上功能性磁共振成像（fMRI）扫描仪上，发现当被调查者看到有美感的包装时，大脑反应速度更快，甚至比见到可口可乐等知名品牌时更快。[29]

在过去，公司认为只有上层人士才会欣赏产品的美感。如果曾经是的话，现在已经不再是这样了。今天，大众市场的消费者渴望伟大的设计，他们以热情的购买行为和忠诚来回报那些为他们提供好设计的公司。从吉列感应型剃须刀片到苹果手表，甚至到不起眼的垃圾桶，设计就是主旨。形式就是功能。

7.5　消费定义了我们

我们喜欢的物品能增强我们的自信，甚至增强我们的身份认同，在一个陌生的新情境下尤其如此。一项研究甚至指出，用个性化纪念品装饰宿舍的大学生更有可能留在学校里。[30] 这是硬币另一面的一个例证：我们购买的东西塑造了我们。

正如我们所料，对人们有价值的东西不仅包括像祖母织的毛衣那样的物品，至少有些东西是某人在某处购买的。当两名研究人员让不同年龄的孩子选择代表他们自己的图片来创作"我是谁？"的拼贴画时，介于儿童中期到青春期早期，年龄较大的孩子选择了更多品牌商品的照片。此外，随着年龄的增长，他们对这些物品的感觉也从具体的关系(如"我拥有它")发展为更复杂、抽象的关系(如"它像我")。[31]

7.5.1 身体是行走的广告牌

今天,人们不仅在身上穿戴服饰,还把物件放入身体里。例如,植入永久性的文身、乳房、嘴唇、臀部和脸颊,还有人工髋关节、膝盖和假肢、心脏起搏器和嵌入式电脑芯片。我们与生俱来的身体和我们拥有的东西之间的传统界限正在消失。

使用外来物质替代或补充人体部位,并不见得是新鲜事。毕竟,几个世纪前,一些患有牙疾的人(包括乔治·华盛顿)已经用木制牙齿来分担痛苦。只不过,最新的技术进步继续清除了自我与外界之间的分界线:[32]

(1)根据美国美容整形外科协会的数据,美国人一年接受的整容手术和非手术治疗超过 900 万例。最常见的外科手术是隆胸,通常涉及将人造硅胶植入物与病人的肉体相结合。美国植入人体的物品数量高居世界首位,巴西、德国、西班牙和俄罗斯等其他国家也位居前列。[33]

(2)超过 400 万美国人拥有人工膝关节。瑞士自称是人均拥有假膝数量最多的国家。[34]

(3)在因谋杀罪被捕并成为全球头条新闻之前,南非田径明星奥斯卡·皮斯托瑞斯(Oscar Pistorius)曾用两条碳纤维制成的假腿与世界级赛跑选手竞争,他的绰号是"刀锋战士"。耐克公司与矫形外科公司 Össur 合作,推出了第一款短跑假肢,这也许是首次将残疾运动员转变为"超能力"运动员的商业尝试。

这类技术也在加速把我们的身体转变为产品交付平台。除了可以在腿部分泌咖啡因以减少脂肪团的连裤袜(是的,它确实有效,至少暂时有效）等产品，微型封装技术还可以让纺织品制造商创造出"智能纺织品"，当这些微小容器与穿着者的身体摩擦时，可以释放稳定剂量的物质。潜在的应用情境包括提供皮肤软化剂、驱虫剂、维生素，甚至是荷尔蒙激素。[35]

此外，在后现代世界，我们甚至可以出租自己的身体，以确保别人知道我们所用的品牌。身份营销（Identity marketing）是一种促销策略，它鼓励消费者改变他们身体的某些部分，为品牌产品做广告。

新西兰航空公司策划的"头颅广告牌"活动中，30名洛杉矶人剃了光头，在头颅上贴着该航空公司的广告四处走动，以换取一张洛杉矶和新西兰之间的往返机票。[36]如果在新冠疫情新常态下，人们要继续在公共场合戴口罩，我们也许会看到一种全新的广告媒介，因为公司会发现它们可以直接在我们脸（口罩）上植入其商标。

如今，带品牌标志的文身贴纸很常见（还有相当数量的永久性文身）。公司在体育赛事、音乐会和其他公共场所像发放糖果一样发放这些东西。这种想法并不新鲜。19世纪的泡泡糖公司向消费者分发类似今天文身贴纸的初级版物品。1890年，零食品牌Cracker Jack在"每盒有奖"促销活动中，将这些贴纸变成了一种奖品形式。

但今天，人们做得更冒险。锐步公司最近在瑞典的一场活动策划了一次文身闪购，让粉丝将该品牌的新三角商标纹在身上（不是临时的），并向做最大版本商标文身的粉丝赠送了数千美元的奖品。我们可以说，这位幸运获奖者的右大腿，终生是锐步的。[37]

人们通过一个人的消费行为来识别这个人的社会身份。除了查看一个人的衣着和打扮习惯外，我们还根据他或她选择的休闲活动（如壁球与保龄球）、食物偏好（如喜欢豆腐和豆子，还是牛排和土豆）、汽车和家庭装饰来推断其个性。例如，当研究人员向人们展示某人的客厅照片时，研究参与者对居住者个性做出的猜测准确得惊人。[38]

所以，即使你不认为你购买的东西代表你本人，放心，你的邻居会这样认为的。

7.5.2 自我的延伸

来吧，承认吧，有些产品和服务能让你如痴如狂。它可能是你最喜欢的钓竿、网球拍或滑板，也可能是某种精酿啤酒或陈年苏格兰威士忌。设计师设计的手提包、挂在你家客厅的那套米罗（Joan Miró）石版画，甚至是你从父亲那里继承来的集邮册，是不是也让你痴迷？又或者你是一个"运动鞋迷"，收藏了大量的飞人乔丹运动鞋，定期赏玩。

我们中的许多人都是钟爱某种产品的狂热者。以鞋子为例，你不必成为伊梅尔达·马科斯（Imelda Marcos，菲律宾前总统夫人，以拥有数千双鞋子而闻名），也可以意识到许多人对自己的鞋子狂热的感情。歌手玛丽亚·凯莉（Mariah Carey）曾在照片墙上发布过一张展示她的巨大鞋柜的照片，并写道："这一直是我在家里最喜欢的房间。#鞋子#鞋子#更多的鞋子。"[39]

一项研究发现，人们通常将他们的鞋子视为自我的魔力象征，像灰姑娘那样变身的工具。一个常见的说法是，人们在年轻时得到的一双鞋，无论是第一双皮鞋、第一双高跟鞋，还是第一双牛仔靴，对他们后来的生活都有很大的影响。这些经历与我们在著名的童话和故事中看到的情节相似，如《绿野仙踪》中桃乐茜（Dorothy）的红鞋子、安徒生在《红鞋》中描绘的凯伦（Karen）的神奇红鞋，以及灰姑娘的水晶鞋。[40]

除了鞋子外，还有许多其他财产也可以对人们产生类似的影响。我们中的许多人珍惜像旧照片或学校奖杯这样的物品，因为它们让我们想起过去的自己。游客们花费数百万美元购买俗气的纪念品是有原因的。

一项研究结果表明，人与物的关系可以非常强大，而且微妙。在一家购物中心，研究人员从两个购物袋中随机抽取一个派发给女顾客。拿着维多利亚的秘密（Victoria's Secret）①的购物袋逛商场的消费者后来报告说，她们觉得自己很有魅力、很性感。在另一项研究中，研究人员只是向学生发放了带有麻省理工学院标志的钢笔，用这些钢笔记笔记的学生告诉研究人员，在学期结束时他们觉得自己更聪明了。[41]

那些我们认为是自身一部分的外部事物，是我们自我的延伸。从个人物品到让人们觉得自己扎根于更大的社会环境的地方和事物，研究人员描述了以下四个层次的自我延伸：[42]

（1）个人层面，指个人物品，如衣服、汽车和珠宝。

（2）家庭层面。一个孩子可能会正面或负面地影响其父母的声誉。这就是为什么有些父母投入大量资源，给孩子请家教，购买让人印象深刻的服装，甚至上礼仪课程，以确保孩子作为他们的"品牌延伸"能给他们带来正面的影响。

（3）社区层面。一个人的身份在一定程度上来自他成长或现在生活的地方。只要想想那些喜欢炫耀他们的甜茶的自豪的美国南方人就知道了。

（4）群体层面。我们每个人都与群体身份有关联，包括宗教、体育、政治立场等。这有助于解释为什么你会得到大学的校友组织的大量"关注"。

许多购买行为的背后都潜藏着驱使自我延伸的某些方面更上一层楼的动机。特许销售运动服装的公司似乎比其他垂直经营的公司更早意识到这一点。如果你的品牌成功地将消费者与一个他们珍视的身份联系起来，如某个乐队、学校或老街区，这会给你一个明显的优势，胜过那些只卖"东西"而没有与顾客身份的某些关键方面建立起联系的产品。

---

① 维多利亚的秘密是全球最著名的、性感内衣品牌之一。——译者注

7.5.3 "你让我变得更完美"

当我们尚未完全形成一个社会身份，如我们在生活中不得不扮演一个新角色时，利用消费信息来界定自我就显得尤为重要。例如，青春期的男孩可能会用汽车和香烟这类"大男子主义"产品来强化其正在形成的男子气概，在他们作为成年男性的新身份尚未确定的时期，这些物品起到了"社会辅助"的作用。

或者，试想人们在刚开始大学生活，或者结束一段长期关系后重新开始寻找约会对象时所感受到的不安全感。根据符号自我完成理论（Symbolic self-completion theory），自我定义不完整的人往往通过获得并展示与该身份相关的符号来完善这一身份定义。[43]

一项对 MBA 学生的研究仔细记录了这些正在接受培训的经理人所展示的"成功高管"的标志，如名表、奢华的公文包之类。不出所料，研究人员发现，在实际成绩（如平均绩点、面试次数等方面）得分较低的 MBA 学生，更有可能使用这些产品。在另一项更接近事实的研究中，成就不高的教授（以发表论文数量等方面来衡量）更有可能在他们的办公室墙上挂上大量关于学术成就的文凭、证书和其他奖章。

几年前，当时大批年轻女性涌入管理岗位还不是普遍现象，我在纽约大学任教时进行了几项研究，探讨角色不安全感与"合适的职业装扮"选择之间的关系。我的 MBA 女学生向我倾吐了她们的焦虑，让我产生了研究动机。她们担心自己工作（主要在华尔街）时的穿着是否传递出合适的信号。

当时，她们中的大多数人选择了安全路线。她们像男性那样打扮自己，穿着非常严肃的深色西装，但她们对此并不愉快，因为她们觉得为了在男人的世界里取得成功，她们不得不牺牲自己的女性特质。这种紧张关系一直持续到今天，尤其是我们在政治、商业、娱乐圈和艺术界等领域接二连三地听到性骚扰丑闻之后。

我的研究发现了一个有趣的反常现象：尽管在大多数情况下，我们期望年轻人成为时尚潮流的引领者，但在商业背景下，情况却恰恰相反。我们对一本女性高管杂志的 5 万多名读者进行了抽样调查，结果发现，年龄较大、更有经验的女性管理者认为适合在工作中的穿衣风格，更可能丰富多样，而年轻的、经验不足的女性管理者则更有可能依赖职业装等外部线索来明确自我的角色。就像我在曼哈顿教室里看到的那些焦虑的女性一样，年轻的女管理者更有可能认为只有非常有限的穿衣风格，基本上就男性银行家套装的女款，是适合工作时穿的。[44]

这种代替过程是很重要的，因为它意味着是新手，而不是专家，更有可能购买刻板印象中与某个角色相关的产品。这也许与我们的直觉相悖，但这种关系具有重要的营销影响。如果你为那些需要掌握某种技能的人提供产品和服务，无论是踢足球、提高约会交往能力、家居装修还是美容，那么最值得你注意的潜在顾客可能是那些不太擅长这些技能的顾客，而不是更有经验的顾客，或者至少这些消费者会欣赏你所提供的专业知识的价值。

在与专业衣橱顾问合作开展的研究中，我发现了这种双重结构。[45] 一组女性花钱请这些专家来整理衣橱并为她们购物，她们对自己想要塑造的形象有明确的想法，只是没有时间自己去购买所需的物品和服装。另一组人则以完全不同的方式使用这些顾问的服务，她们希望顾问能够帮她们决定应该买什么，因为她们缺乏为自己选择的自信。所以，抱歉，我创造了一个二分法来描述这些专家的功能：跑腿与智囊。

7.5.4 人靠衣装马靠鞍

因此，我的女学生和她们的姐妹们似乎依靠她们从服装中得到信号来定义她们的职业角色。更广泛地说，我们购买的产品在多大程度上影响我们对自我的界定？

研究思想和行为之间关系的社会科学家们越来越多地依靠具身认知理论（the theory of embodied cognition）寻找答案。具身认知理论的观点可以简单地理解为"身体状态改变心理状态"。[46] 换句话说，我们的行为和对行为及所购物品的观察，塑造了我们的思想，而不是我们的思想塑造我们的行为。是的，我们购买与自我概念一致的商品，但我们的消费也说明我们是什么样的人，这完全是两回事。

具身认知最有力的例证之一是，身体语言实际上会改变人们对自己的看法。在最热播的 TED 演讲中，一位社会心理学家讨论了权力姿势（power posing）（无论是否感到自信，也以自信的方式站立）如何影响大脑活动。脸书首席运营官谢丽尔·桑德伯格（Sheryl Sandberg）鼓励女性"向前一步"（Lean in）的活动也传达了同样的理念。[47] 这项研究具有很大的争议性，但它至少暗示了一个观点：我们的行为会影响我们的感受，而不是相反。

具身认知的方法与消费者行为研究是一致的，这一理论说明了人们使用不同意义的品牌会导致自我概念发生变化。两名研究人员在他们的研究中使用了"穿衣认知"（enclothed cognition）这个术语，来说明服装的象征意义如何改变人们的行为。在一项研究中，他们要求参与者穿上实验室白大褂，这种服装会让人们联想到专注和精确的工作。研究人员发现，身穿实验室白大褂的参与者在承担需要高度专注的任务时表现得更出色。但是，他们在实验中采用一个反转设计：告诉参与者这件衣服实际上是画家的外套而不是医生的实验室白大褂，任务绩效的提升效果就消失了。换句话说，参与者解释了服装的象征意义，然后相应地改变了自己的行为。[48]

我们很想指出，在四十多年前，本书的作者针对"为成功而穿衣"的现象进行了一项研究，在学生求职面试情景中也发现了有类似的结果。这篇也许是史上最佳的博士论文（至少在本书作者看来是）指出，身穿职业装的男性求职者在面试中举止更加坚定自信，平均来说，他们对起薪的要求也更高！[49]

同样，这些研究对有思想深度的营销人员带来很多启示。具身认知的力量意味着你的产品和服务实际上有可能改变你的客户的感受。所以，一个显而易见的启示就是，应尽你所能让顾客尝试和使用你的产品。

在过去营销预算宽松的好日子里，公司借给客户样品，让他们带回家体验是很常见的。就连苹果公司在首次推出麦金塔电脑（Macintosh）时也这么做了；它需要采取激进的措施，让消费者摆脱IBM的思维模式。现在，这种做法在财务上可能不可行，但任何能让顾客沉浸于你的产品使用体验的措施都是有益的。鼓励顾客试用，随着他们的自我概念与产品融为一体，他们接纳产品的障碍也会瓦解。

我从初中开始一直到大学都在兼职做正装销售员，我曾经成百上千次目睹这种转变。每次一个女士把她不情愿的未婚夫拖进店里，经过一番艰苦的劝说后，他穿着燕尾服、面带微笑从更衣室走出来，之前的不情愿一扫而空，因为他能更清楚地设想到自己的角色。你会惊呼某个神奇的机器把眼前这个家伙变成了詹姆斯·邦德（James Bond）！如果当年每遇到这种情况，我都能得到五分钱的话，我可能赚得盆满钵满了。今天，我们有增强现实和虚拟现实这样的沉浸式技术，可以完成同样的事情。试想一下吧。

因此，把自我与我们的财产割裂看待的笼子，现在已经打开了。我们购买与自我概念一致的产品，而我们购买的产品也塑造了我们。

本章启示

- 我们的自我概念以多种方式与我们的消费选择紧密相连。营销人员不仅仅销售产品和服务；他们为我们表达自我身份和理解别人提供了工具。把我们的自我与财产割裂开来的二分法是错误的。
- 品牌共鸣体现了产品或服务以某种方式与消费者的身份关联的紧密程度。有多种途径可以实现这种共鸣。
- 我们购买与自我概念一致的产品：人们倾向选择在品牌个性上与自己个性相似的产品。
- 感知风险是任何购买活动中的最重要考虑因素之一。在消费者无须承担风险的情况下，让他们查看到选择结果的便捷工具，将改变许多产品和服务的购买决策模式。
- 身份营销是一种促销策略，它鼓励消费者改变他们身体的某些部分，为品牌产品做广告。
- 我们的许多购买行为是为了让自我延伸的某些方面更上一层楼。那些将消费者与自我身份中关键要素联系起来的品牌，会优于那些无法与消费者延伸的自我概念建立起联系的其他品牌。
- 你的业务可能涉及旅游、体育、设计、音乐，或者将某些人、物和地方神圣化的某个行业。为你出售的物品增加额外价值的方法之一是将其与"普通"物品区分开来，变成人们的收藏品。
- 艺术品和工艺品之间的传统区别正在逐渐消失。随着类别融合，"艺术品"可通过大众市场渠道销售，而"工艺品"则成为收藏家的藏品。销售这些产品的企业需要开阔他们的视野，以满足市场对美学物品日益增长的需求。

- 放纵消费也可以是一种投资。随着人们的关注点重新聚焦在价值上，许多消费者正在考虑改变其分配可支配收入的方式。与几年前盛行用完即弃的社会相比，产品的耐用性可能会重新成为重要的差异化因素。
- 我们购买的产品塑造了我们：我们的财产可以帮助我们在陌生的环境或角色中找到自我。

第 8 章

挑战传统媒介边界的消费者

无聊吗？想在新冠疫情封锁的紧张氛围下放松一下吗？拿一瓶健怡可乐，往里面丢几颗曼妥思糖，然后退后一步，准备迎接清凉喷泉喷涌而出吧！这个小把戏几年前就病毒一样流行开来，YouTube上就有成百上千个展示这些有趣的小爆炸的视频。但可口可乐公司认为这并不有趣；它的律师试图将所有这些在网络上传播的业余视频撤下来，但没有成功。另一方面，曼妥思品牌喜欢这种免费的宣传。现在，当你在谷歌上搜索"健怡可乐和曼妥思"时，你会看到另一股热潮，超过280万人次点击了这个视频。

这段视频走红对一个相对不知名的糖果品牌来说是一个天赐良机。然而，它很难称得上是广告——至少我们大多数人看来是这样。曼妥思不仅免费获得了关注，而且在网民疯传这些视频之前，曼妥思公司甚至不知道它的产品会引起如此大的轰动。

健怡可乐和曼妥思现象反映了社交媒体已经冲击了营销人员对品牌故事的掌控力。在这里，又一个我们熟悉的二分法被瓦解了：编辑信息与商业信息。顾名思义，商业信息是由那些想让你知道某事的人赞助的。过去，人们很容易判断在报纸、广播、电视或任何大众媒体上看到的信息是否属于某个企业的付费广告。

事实上，这就是广告的经典定义（来源可溯的说服性信息）的一个方面。通常情况下，一名专业的播音员会告诉电视观众，"现在是我们的广告时间。"杂志或报纸上的广告会采用不同的字体，广告内容外有一个黑色边框，在页面顶部也许还会显示"广告"字样。

相比之下，我们假定我们在报纸的社论版上读到的内容不是由付费媒体，即有偏见的第三方，为了实现其自身目的而刊登的。我们未必完全同意在那里读到的内容，但我们愿意相信"这里陈述的是作者的意见，而不是某品牌的观点。"有种阴谋论主张曼妥思在幕后策划了整个活动，这听起来很吸引人，但事实上只是一件自然发生的事件而已。

8.1　三种媒体：付费媒体、自有媒体和免费媒体

专业公关人士都知道，公众争相讨论的热点就是一切。然而，当我们在商学院教授市场营销课程时，公共关系专题所占的篇幅小得就像一个脚注。大多数老师会用大约半节课时间讨论这个话题，但他们介绍广告知识的课时则长达几天甚至几周。

这样做有点短视，因为正如我们许多人意识到的那样，传统广告在当今世界已经苟延残喘。当然，它并没有消亡，但它充其量只是我们工具箱中三种媒体选项中的一种：

（1）付费媒体。是的，你付费让人们看到某个信息。传统的广告就属于这个类别。付费媒体包括电视、印刷品和广播广告，也包括网站和社交媒体站点上按点击付费的信息（pay-per-click）。如果你决定向一位有影响力的人支付金钱或产品（并准备按法律要求承认这点，至少在美国和英国，法规要求承认是有偿的），让其炒作你的推广内容，那么你的策略也属于这个类别。[1]

（2）自有媒体。是你拥有的基于网络的财产。你也许可以把鼓励潜在销售客户下载白皮书或电子书，作为与他们保持联系的一种方式。

（3）免费媒体。所谓集客营销策略（inbound marketing strategies）

的精髓，顾名思义，你发布的内容如此引人注目，人们在搜索信息的时候会被你的内容所吸引，聚集过来。他们可能因为口碑而找到你，这有助于你拟建一个周全细致的搜索引擎优化（SEO）策略，以确保当人们搜索一个特定术语时，如"超棒的家庭影院系统"，你的产品链接能出现在搜索结果的首位或附近。你必须真正付出努力来争取这个搜索排名。因为你不可以贿赂他人，而是必须依赖他人自发地推荐和转发你提供的内容，才能提高搜索排名。[2]

8.1.1 付费媒体伪装成免费媒体

公关人员的目标之一就是让客户的名字尽可能地出现在媒体上。尽管公关在企业受到的重视程度远不如广告，但当它发挥作用时，它不仅有效，而且成本效益非常划算。例如，金宝汤公司的番茄汤付费广告，远不如地方报纸的美食编辑在刊登一份砂锅菜谱时，将该产品列入配料所产生的影响力大，而金宝汤公司在后者得到的宣传是免费的。免费的曝光效果再一次击败了付费的曝光。

我用自己的经验告诫学生，不要轻易相信他们看到的东西，也就是把付费媒体误以为是免费媒体。在我的职业生涯早期，我是一家大型服装公司的媒体发言人。我在全国性的电视谈话节目中多次露面，谈论我对日常服饰产品为什么会产生重大心理作用方面的研究。当服装公司为我准备这些面试时，他们给我下达了一个配额任务，即我要在谈话中"不经意地"提到多少次该公司的名字。我以为这是一种不正常现象，直到我发现这些节目中的许多其他嘉宾都带着类似的目的上场的。

然而，在过去的几十年里，这些微妙植入内容的做法似乎变得更加明目张胆了。一个迹象是，现代电视观众很容易接受，并似乎期望他们观看的节目把现实生活中的品牌产品嵌入节目布景当中。而在不久前的过去，电视网络要求制作人在节目中出现品牌名称前对品牌名进行"变装"。例如，电视剧《飞跃情海》(*Melrose Place*)将诺基亚（Nokia）手机改名为Nokio。[3]

20世纪70年代，当具有开创性意义的美国情景喜剧《全家福》播出时，主角蓝领工人亚奇·邦克坐在客厅的一张靠椅上与人调侃，他几乎总是一边大口地喝着啤酒，一边就种族关系等有争议的话题发表意见。那罐似乎从未离手的啤酒包装是红白相间的，看上去很像百威啤酒，但它不是真的百威。制片人知道，观众会认为亚奇喝的是这个流行的品牌，但他们还没走到用真品做道具的地步。

今天的人们不可能遵守这个戒律。如果重拍这部剧，更有可能的是，制片人让主角戴上百威啤酒的帽子，并在他的高谈阔论中大量使用这个品牌名。这是产品植入广告策略的组成形式之一，即在虚构的电影、电视节目、书籍和戏剧中融入真实的产品。如今，这种做法与相机、导演和餐饮一样，成为大多数节目和电影的组成要素。甚至出现了一个植入经纪人的作坊式行业，这些中间人专门为节目中穿插真实产品谈判价格和条款。

建真工程：产品植入

产品植入广告的广泛使用是文化变迁的一个突出例子，我称之为建真工程（Reality engineering）。当营销人员引用流行文化的元素并将其用作促销工具时，就会出现这种情况。[4] 这种做法正在愈演愈烈。例如，对百老汇戏剧、畅销小说和热门歌曲歌词的历史分析（historical analyses）清楚地表明，随着时间的推移，文艺作品中使用真实品牌名称的情况在大幅增加。[5]

最近的一个例子是，宾夕法尼亚州的阿尔托纳市（Altoona）临时改名，以推广一部通篇模仿植入式广告的电影——《POM汽水向您推荐：有史以来卖得最好的电影》(*POM Wonderful Presents: The*

Greatest Movie Ever Sold）。① 该电影的制片人以 100 万美元的价格将电影名标题卖给了石榴红牌（POM Wonderful）石榴汁的制造商。⁶

建真工程师（Reality engineer）可以使用多种工具建造真实情景。他们可以在电影里植入产品，在办公场所和卖场喷洒香味，在出租车后座安装视频显示器，在警察的巡逻车上购买广告位，或者拍摄伪"纪录片"，如《女巫布莱尔》（*Blair Witch Project*）。⁷

以下是一些建真工程的例子：

（1）美泰公司宣布，它将在芭比娃娃的马里布梦幻屋（Barbie Malibu Dreamhouse）上挂上"待售"标牌。据说自 1971 年马里布芭比问世以来，芭比娃娃一直舒适地生活在那里。这场营销活动混合了真实和想象的元素。房地产网站 Trulia 上的待售房产列表将这处房产描述为"梦幻的梦之屋"。⁸

（2）办公用品零售连锁企业史泰博（Staples）旗下的 Quill.com 部门曾有一段时间销售宾夕法尼亚州斯克兰顿（Scranton）Dunder Mifflin 纸业公司生产的产品系列。热播电视剧《办公室》（*the Office*）的每个粉丝都知道，Dunder Mifflin 纸业公司是电视剧里虚构的背景，该剧在播出九季后就停播了。⁹

（3）纽约一对夫妇通过出售办公插头为他们的婚礼筹集了 8 万美元。他们在筹款项目中插入优惠券，并从花卉礼品电商 1-800-FLOWERS 公司抽取 25 束鲜花奖励回馈出资者。

产品植入广告在今天如此盛行是有原因的：它很有效。许多类型的产品在我们的文化中扮演着主角（或至少是配角）。近年来，最引人注目的品牌包括戴尔、三星、苹果、雪佛兰（Chevrolet）和雷朋眼镜（Ray-Ban）。每个品牌在媒体上的曝光都为它们赢得了相当于 600 万～1 600 万美元的收入。¹⁰

---

① 该电影由摩根·斯伯洛克（Morgan Spurlock）编导，是一部关于广告和植入式广告的诙谐的纪录片。该电影不仅内容关于植入广告，整部电影也完全由植入式广告提供资金。电影于 2011 年在美国上映，烂番茄评分指数为 72%。——译者注

历史悠久的知名品牌给演出带来了现实主义的光环，而新晋品牌则从曝光中获得了巨大的利益。在电影版《欲望都市》（Sex and the City）中，嘉莉的助手直言不讳地说她从一个名为 Bag Borrow or Steal 的租赁网站上"借"来了她手中昂贵的包。该网站的营销主管评价这一情节道："就像给予我们一个'好管家'的认证，给我们带来了信誉和认可。"[11]

今天，尽管大多数消费者认为广告和节目之间的界限变得过于模糊、令人分心，老年人比年轻人更担心这种界限模糊的影响，但是大多数主流品牌发行的新品都夹杂着已有的真实产品。[12]

建真工程：使用游击营销伏击消费者

游击营销策略（Guerrilla marketing tactics）①是建真工程的另一种表现形式。这些活动往往看起来是自发的，但实际上它们是经过精心策划的，有时甚至是经过排练的。顾名思义，营销人员"伏击"毫无戒心的受众，因为信息将突然出现在他或她没有想到会看到广告的地方。

这些营销活动通常会招募真正的消费者参与，以某种街头演出的形式，或者在公共厕所、城市人行道等非传统的营销沟通地点展示信息，以赢取被媒体轰炸了过量信息的消费者。我个人最喜欢的是移动通信运营商 T-Mobile 公司在伦敦的利物浦街车站精心策划和拍摄的快闪活动。在几秒钟内，一大群看似普通的上班族走过车站时，突然跳起精心编排的舞蹈。[13]

建真工程：原生广告

原生广告（native advertising）是建真工程的第三个方面，是指通过把数字信息融合到公开发表的编辑性内容中，商业信息悄无声息

---

① 游击营销是指聚焦于策划通过口碑和公关触达更多受众的营销活动，主旨是用更少的资源获得更大的影响力。——译者注

地持续侵蚀非商业内容的页面空间。这样做是为了吸引那些可能会抵制在文章或节目中弹出广告信息的人的注意力。像游击队营销一样，原生广告总是出现在我们没有预期到会出现广告的地方。只不过在这种情况下，商业内容是突然出现在媒体里，而不是某个实体场所。

这些信息可能伪装成普通文章的样子，但是它们通常会链接跳转到广告商的内容。例如，爱彼迎与《纽约时报》合作出版了一期专门介绍旅游的《T》杂志。这期杂志专题报道了纽约港的埃利斯岛（Ellis Island），介绍过去移民如何到纽约寻找新生活。杂志策划的内容包括展示老照片，突出游客所受到的热情款待。当然，这才是爱彼迎想向今天的旅行者强调的卖点。[14]

8.1.2　付费媒体与蜂鸣营销

你想知道市场营销中最隐蔽的秘密之一吗？这就是"广告并不能销售产品"。瞧，我说出来了。

这并不意味着广告没有巨大的影响力。广告确实有影响力，但是它最大的作用是让消费者形成对一个新产品的意识，教育消费者如何使用它，最重要的是激发口碑。所谓"饮水机效应"，即人们聚在一起交流对最新的耐克或苹果广告的看法，影响力非常强大。我们不会因为觉得某个广告很酷而购买耐克或苹果，但我们在观看后可能会有动力去进一步了解这些产品。如果这些引人注目的广告信息能与销售推广、直接营销和公关活动等其他类型的促销策略协调同步，就能向消费者传递一致且有力的信息。

这就是多渠道推广策略的价值！相比之下，常规的零碎推广策略可能由不同的人或机构分管。例如，电视广告与抽奖活动无关，而抽奖活动又与纳斯卡赛车（NASCAR）赞助无关，当企业的推广渠道各做各的，就会给消费者发出相互矛盾的信息，使他们对品牌的身份感到困惑和不确定。

在本书第 6 章中，我强调生产者和消费者之间的界限正在消失。让我们在这里再次探讨一下这个问题，因为在营销传播行业的困境背后也存在同样的现象。我们可以把这种混乱的格局追溯到 Web 2.0 的出现。Web 2.0 这个词其实早在 20 世纪就被创造出来了，确切地说，起源于 1999 年，但是它在 2005 年左右才开始流行。[15]

本质上，Web 2.0 是指"新"互联网，它是交互式的，所以沟通模型中的信息接收者也可以扮演信息来源的角色。你可能无法相信，曾经有一段时间，大多数人（如果他们能上网的话）只能阅读那些有资源建立自己网站的组织发布的文本信息。由于图片下载时间太长，人们甚至看不到图片。他们不能回应网站陈述的内容，也不能与他们的朋友分享。多么原始啊！

当然，今天我们想当然地认为自己是游戏的积极参与者。我们发送电子邮件或对读取的内容发表评论，我们中的许多人以 YouTube 视频、博客的形式发布原创内容，也许还会发些愚蠢的猫咪照片。

我们现在不分昼夜地沉浸在媒体环境里，就谁能发送和接收信息而言，这是一个非常自由的环境。因此，蜂鸣营销（在众多消费者中迅速传播关于一个产品的口碑）在信息混战中脱颖而出，主导了 Web 2.0 时代的营销过程。

当然，口碑并不是新鲜事，毕竟流言蜚语也不是什么新发明。但是，今天口碑的传播范围和速度使它变得截然不同，令人刮目相看。

过去，口碑必须在小型或正式的关系网络里，如在邻里或公司里面对面口耳相传。然而，今天快速传播的口碑已经摆脱了这些限制，因为对最新的表情包（meme）、广告或名人花边新闻的兴奋讨论可以在数小时内波及数百万人。

今天，（以免费媒体形式传播的）内容才是王道。除非你现在还生活在岩洞里，否则你不会没有认识到免费媒体已经和更多的传统媒体一起（有些人说是取代），成为消费者行为的一个关键驱动因素。

据我所知，对公关人员来说，鼓励正面的口碑是非常重要的，而且最好是不用付费的口碑。然而，在今天这个社交媒体疯狂发展的营销环境里，大部分的公关人员似乎已经退居二线了。这并不是说他们没有利用社会媒体来宣传他们的客户，但讽刺的是，他们似乎没有做出什么像样的成绩。在社会媒体营销课程中，不难发现几乎没有人提及公关人员在这些活动中发挥的作用。我知道这种情况，因为我曾多次教授该课程，并与人合著了这门课的首本教科书。[16]

说到"管理"口碑，在我们所处的数字丛林社会里，这样做是有利有弊的。[17] 在我提出的"水平革命"中，每一个能上网的消费者都拥有巨大的权力，他们可以对任何关注的事物发表好评、差评或者不雅的言论。

我们都知道，即使是一个帖子的影响也可能是巨大的，在某些情况下是灾难性的。像我这样的教授喜欢提到美国联合航空公司（United Airlines）的经典失败案例。当航空公司的行李搬运工公然粗暴地处理一名乘客托运的昂贵吉他时，乘客在飞机上看到了他们的不当行为，并抓拍下视频。当他向管理层投诉9个月无果后，他上传了一段朗朗上口的音乐视频，标题为《美联航打破了吉他》(United break Guitars)。这段小视频获得近2 000万次浏览量，并给美国联合航空公司带来了严重的公关危机。[18]

8.1.3 讲故事：这不只是为了睡觉

也许解决这个问题的方法之一（至少部分地解决），是认识到营销人员所做的工作就是讲故事。像所有其他类型的故事一样，有时我们会美化情节或人物来表达观点。只要没有歪曲品牌的实情，导致消费者做出错误甚至是危险的决定，你就可以把与消费者的关系看作是一种艺术形式。做得好的话，这有助于创建和支撑一个用户社群。

现代广告的特点之一是它创造了一种超现实的可能性。这是指将最初的模拟现实或"炒作"变成真的现实的过程。广告商建立了物体和意义之间的新关系。例如，广告将万宝路香烟与美国的拓荒精神等同起来。在超现实的环境中，随着时间的推移，已经不可能辨别符号和现实之间的真正映射关系了。产品符号和现实世界之间的"杜撰"的关联具有了自身的生命力。

以下是最近几个超现实的例子：

（1）小说《五十度灰》（Fifty Shades of Gray）中提到的拼趣网食物展板。

（2）把《广告狂人》（Mad Men）系列电视剧、《哈利·波特》（Harry Potter）系列电影、《权力的游戏》（Game of Thrones）和《唐顿庄园》（Downton Abbey）中的菜谱整理出来，出版烹饪书。

（3）发行影视作品《办公室》（The Office）和《银翼杀手》（Blade Runner）里虚构的 Dunder Mifflin 公司和 Tyrell 公司的 T 恤衫。[19]

讲故事并不是什么新鲜的事，只是今天它发生的范围太大。几千年来，我们的祖先聚集在篝火旁，听长者讲述部落的故事，以抵御夜间的不安。在 20 世纪，像《费伯·麦基和莫莉》（Fibber McGee and Molly）和《影子》（The Shadow）这样的广播节目以及罗斯福和温斯顿·丘吉尔的鼓舞人心的演讲都起到了类似的作用。当然，后来是电视成为家庭的虚拟篝火（虽然不是热源，也是光的来源）。今天，我们可以把播客加入这个队列，这就不能不提到我们在新冠疫情隔离期间经历的线上聚会（Zoom Happy Hours）热潮了。

讲故事是成功营销的核心。到最后，人们买的不是物品，买的是一个故事。人们渴望联系，而有效的品牌传播者会满足他们这种需求。如果这个故事引起了共鸣，他们甚至会向其他人复述这个故事，并在这个过程中对其进行改编。这有点像古老的"电话"游戏，一个人对下一个人的耳朵低语一条信息，然后这条信息在一群人之间传播。每个人都在一定程度上听到了他想听到的内容，所以故事就在游戏者之间传播时发生了变化。

对意义的渴求和对品牌传统的追求，解释了为什么消费者对产品的背景故事如此感兴趣。不管这个背景故事是不是虚构的，都不影响消费者的兴趣。例如，如果你访问沃比·帕克眼镜公司的网站，你不会只看到眼镜的照片，你会看到一个解释该公司如何诞生的故事。

> 每个想法都是从一个问题开始的。我们的问题很简单：眼镜太贵了。我们还是学生时，我们中的一个人在一次背包旅行中丢失了眼镜。更换眼镜的费用是如此之高，以至于他在没有眼镜的情况下度过了研究生院的第一个学期，一边眯着眼睛一边抱怨。（我们不建议这样做）我们其他人也有类似的经历，我们惊讶地发现，要找到一副不榨干我们钱包的好眼镜框是多么困难。还有其他选择吗？我们创办了沃比·帕克公司来创造替代方案。[20]

名人的故事

我们都知道，许多著名演员在改他们的简历时都会改名。全美偶像拉尔夫·劳伦（Ralph Lauren）曾用名拉尔夫·利夫希茨（Ralph Lifshitz），在布鲁克林长大，是犹太住宅油漆匠的儿子。另一个白人（WASP）偶像玛莎·斯图尔特（Martha Stewart）曾用名格蕾丝·克斯特利亚（Grace Kostyra），她是百分之百的波兰人。

从非常现实的意义上讲，名人并不存在。就像我在前面章节提到的超级名模，"明星"不是天生的，是造出来的。而造星需要集众人之力，包括公关人员、化妆师、培训师和其他细心打造和润色其品牌形象的专家。拥有名人肉身皮囊的人，只是故事的一部分。

当人们在现实世界中遇到一个电影明星或运动员在做自己的事情

时，往往会感到突兀、惊呆。如果你在洛杉矶伯班克（Burbank，那里有很多电视和电影拍摄活动）等地待过，在当地的熟食店排队时，或者在咖啡厅的座位旁，遇到一个屏幕上的熟面孔是很常见的事情。遇到这样的人后，人们总是会说这位明星表现得多么真实。但正如我母亲曾经对我指出的那样："他们跟我们普通人一样，脱裤子还是一次只能脱一条裤腿。"

节日的故事

大多数节日和其他重要事件都是为了纪念一个文化传说，故事的主角通常是一个历史人物，如感恩节的迈尔斯·斯坦迪什（Miles Standish）或虚构人物，如情人节的丘比特（Cupid）。这些节日之所以持续存在，是因为它们的基本元素迎合了我们根深蒂固的需求。[21]

不用说你也清楚，那些能够将他们所销售的东西与这些故事联系起来的营销人员可以在市场上掀起热潮，因为他们的产品和服务帮助消费者完全沉浸在这些故事中。除了营销人员自己发明的人造节，如美国的 5 月 5 日节（Cinco de Mayo）[①] 几乎是他们一手创造的仪式。例如，戴比尔斯（De Beers）钻石公司创造了赠送钻戒以纪念订婚的"传统"，其他重大纪念活动也提供了巨大的商业机会。

在过去的几百年里，圣诞节的意义已经发生了相当大的变化。在殖民时代，圣诞节庆祝活动类似于嘉年华，公众喧闹是常态。到了 19 世纪末，暴民们变得如此难以控制，以至于信奉新教的美国城市元老们发明了一种传统，即各家各户围坐在一棵树旁进行圣诞聚会，

---

① 5 月 5 日节原是纪念 1862 年墨西哥军队以少胜多，依靠落后的武器击败法国军队，赢得了艰难的胜利。但是，它在墨西哥本土不是法定节日，也不在全国范围内庆祝。在商家策划的丰富活动推动下，现在的 5 月 5 日节主要在美国庆祝，是墨西哥裔美国人的代表性节日。这一天，全美国的墨西哥社区会举办各种庆祝活动。大量的美国人会头顶墨西哥大草帽涌向墨西哥餐馆。每年的 5 月 5 日节是全球墨西哥酒水销量最大的一天。在酒吧里，人们畅饮墨西哥的各种酒水饮料：龙舌兰酒（tequila）、玛格丽特（margarita）、圣血酒（Sangria），还有源自墨西哥的各种啤酒。——译者注

这是他们从早期的异教徒仪式中"借来"的做法。在1822年的一首诗中,纽约圣公会主教的富家子弟克莱门特·克拉克·摩尔(Clement Clarke Moore)创造了现代的圣诞老人神话,而可口可乐公司则在创造我们与圣诞节相关的许多意象中扮演了重要角色。[22]

万圣节起源于一种异教徒的宗教仪式。与圣诞节截然不同的是,我们通常会和非家庭成员一起玩"不给糖就捣蛋"游戏和参加化装舞会。万圣节关注邪恶而非善良,关注死亡而非出生。这使得万圣节成为一个反节日,它扭曲了与其他节日相关联的符号的含义。我们可以把骑在扫帚上的女巫想象成一个逆反的母亲形象。这个不寻常的场合为想尝试新身份的年轻人和老年人提供了名义。成年人可以打扮成不受欢迎的人,孩子们可以熬夜,吃大量的糖果。除了糖果公司,这个节日还让许多公司受益。每年美国人在化装晚会装扮上的花费为3.5亿美元,而这还只是他们用来装扮宠物的费用![23]

8.2 营销人员在井中投毒? 区分营销虚构内容和事实

随着广告赞助信息和非商业编辑内容之间界限的模糊化,一个明显的问题浮出水面。如果这些信息主张的内容不真实,会发生什么?在美国、欧洲和其他一些国家,有相当严格的法律来规范付费广告信息的准确性。但是,当涉及核查发帖内容真实性和识别在网络上故意传播错误信息的滋事挑衅分子,情况就复杂得多了。雪上加霜的是,所谓的深度伪造视频正变得越来越普遍。尽管技术人员早就能篡改录像,让视频里的人看上去在说一段他实际上并没说过的话,但如今几乎任何一个普通消费者都可以制作出可以以假乱真的视频。[24]

由于几乎所有能使用手机或电脑的人都能发布他们想发布的任何

东西，我们正处于一场信用危机之中，有可能威胁到包括新闻和广告在内的整个传播行业。并不是只有流氓特工才会在他们的地下室里编造虚假的声明。老牌公司也有可能犯错。例如，根据一份报告，超过95%以"绿色"为卖点推销其产品的消费品公司做出了误导性或不准确的声明，这种违法行为被营销人员称为"漂绿"。[25]

虚假内容和真实内容之间的界限正在迅速瓦解。消费者对公司发言是否属实的信任意愿，也随之崩塌。在2019年的一项调查中，只有21%的欧盟居民表示高度信任那里的媒体。根据另一项调查，只有4%的美国人认为营销行业的行为是诚信的，近一半的受访消费者说他们不相信任何新闻来源。[26]休斯敦，我们有麻烦了。①

新闻平台正在采取措施重振他们的声誉，但结果不容乐观。脸书、推特和谷歌都在其网站上推出了一个信任指标，以重建读者对故事真实性的信心。[27]在脸书上，新闻推送的文章旁边有一个小小的i图标，包含了有关该报道背后的媒体渠道的更多信息。[28]尽管如此，科技巨头们仍在纠结他们在多大程度上有责任检查人们（包括知名人士和政治家）发布的内容的真实性。[29]

更糟糕的是，有研究证据表明，虚假故事比真实故事传播得更远、更快、更广。一项研究报告称，虚假推文被转发的可能性比真实推文高70%！[30]假新闻带来的威胁有可能吞噬我们。

营销人员面临着一场信用危机。除了自己社交网络中的人（他们也可能在撒谎），消费者不知道该相信谁。他们会重视"朋友"认可的来源，但不一定重视那些与大公司有关的信息来源。

短暂、偶然的交往不会建立起信任的纽带。你需要与你的顾客

---

① "休斯敦"是阿波罗13号飞船与美国宇航局任务控制中心进行无线电通信时，宇航员对任务控制中心的别称。阿波罗13号原定执行载人登月任务，但在发射两天后，氧气罐爆炸，电力不足，为了省电甚至关闭了救生艇的导航和控制系统。三位宇航员克服了种种意外，最终成功获救，返回地球。作者在此模仿飞船上宇航员与任务控制中心的对话，表示我们遇到了无法预料的困难。——译者注

建立长期的关系。持续一致的信息传递，同时辅之以有意义的营销措施，表明你坚持一贯以来的主张是至关重要的。记住，虚假的故事比真实的故事传播得更远、更快、更广。营销人员应监控人们发布的关于你的产品和品牌的信息（尤其是那些假的），并积极主动地用事实来反驳这些信息。

提防马甲

我之前描述的原生广告可能没有什么问题，尽管这种日益增长的做法提醒我们要质疑我们读到、听到或看到的每一篇内容的意图。理想的情况下，这种意识应该成为新兴的广告素养教育的一部分，尤其是要教会那些可能不明白某些信息并不像它们看起来那样无害的孩子。[31]

当不良分子滥用原生广告的伪装手法时，这种做法确实会变得更加阴险。近年来，我们目睹了一种操纵公众态度的新做法，有人称之为马甲。这个词是指公司高管或其他有偏见的消息来源，假装公正无私的姿态，在社交媒体上吹捧公司。

例如，人们发现，全食超市的首席执行官在没有透露其真实身份的情况下，发布了贬损竞争对手的野燕麦的评论。一家名为GiveWell的非营利性研究组织，专门对慈善机构的投入产出有效性进行评估。该组织的董事会不得不对其两名创始人进行处分，因为他们在博客上假装成其他人，然后将人们介绍到GiveWell的网站。[32]

付费网红的陷阱

另一种形式的"马甲"是所谓的付费网红项目，即试图通过鼓励博主撰写关于品牌的文章来发起网上对话。这些"赞助的对话"是有效的，但营销人员需要再次小心可能会出现有偏见的推荐。凯马特（Kmart）向一群博主赠送了一个购物大礼包，因为他们同意在博客上介绍他们的购物经历。松下公司赞助博主们飞往拉斯维加斯的消费电子展，他们在那里发布了关于展会和松下产品的消息。奔驰公司让一名博主使用一辆 SUV 一周，以换取关于这个车型的帖子。[33]

伪草根营销

一个相关的问题是"伪草根营销"（Astroturfing），是指一个公司在缺乏真正的"草根"支持的情况下，试图为其产品撰写虚假评论，制造有广泛支持的假象。你的新产品没有足够的好评吗？是时候拔下人造草皮了！[34]

如果消费者认为不再存在公正的评论信息，他们还会相信什么？

8.3　应对混乱的媒体（这正是变色龙所处的世界）

解决棘手的可信度问题的一个可能的办法是，加倍重视 P2P（个人对个人）沟通的爆炸式增长。正如我们所看到的，这种转变意味着我们在寻求真相（或至少在查找可靠的餐馆或产品评论）时采纳的大部分内容来自我们网络中的其他人，而不是那些浪费了我们信任的"权威人士"。我们从正面到负面仔细地搜罗答案，而不是像以前那样仰望所谓的专家、知名媒体和公司。当然，这里还有一个问题，即我们如何验证属于我们网络的人的可信度，像领英这样的一些平台在审查关系方面做得比其他网站更有效，在有些网站上，我们的"朋友"可能只是一些挂在网络空间中的假资料。

随着水平革命的发展，市场营销企业的基础也发生了变化，因为他们不再必须管理一致性，确保无论在哪里遇到消费者，都传递一致的信息。我之前提到的多渠道推广策略仍然有效，但在一个组织无法控制人们对其产品和服务的看法和大量的言论的世界里，这就不够了。

因此，我们现在面临一个棘手的现实：营销企业不再能够定义自己的身份。企业的意义在很大程度上是由大众赋予的。消费者在共同创造价值的过程中分享看法，他们会在企业的信息基础上加入自己的见解，在很多情况下，他们并不理会企业想要什么，而是自己创造信息。就像健怡可乐品牌在曼妥思视频风靡网络后发现的那样，一旦潘多拉的盒子在网上打开，就不可能再关上。

在我们美丽的新世界里，我们必须改变模式，勇敢地应对混乱状态。我们要认识到的现实是，你不再拥有你的品牌。你创造品牌、分销品牌、推广品牌，但最终是由你的顾客决定它的含义。

与其发布停止传播的禁令，期许最好的结果，不如现在就主动计划一项与水平革命同步的沟通战略。在《广告狂人》时代，大型广告公司主宰市场，巨大的权力集中在少数几个机构手中，如李奥贝纳广告公司（Leo Burnett）、扬·罗必凯广告公司（Young & Rubicam）、恒美广告公司（Doyle Dane）、伯恩巴克公司（Bernbach）等。这样的好日子持续了几十年。其中许多公司或它们的后继者，如阳狮集团（Publicis）和盛世集团（Saatchi & Saatchi）仍然存在，而且发展得相当强劲，但是，竞争格局已经发生了巨大的变化，在过去为一个财力雄厚的客户做营销策划，主要就是设计一系列巧妙的电视广告，然后战略性地在大型广播网络上播出一段时间。

即使是这些权威的大型广告公司也充分认识到，今天的客户希望他们除了通过可靠的付费媒体之外，还要通过大量各种各样的渠道接触顾客。问题是，今天人们认识事物的渠道，了解什么值得买的渠道，跟付费媒体的模式没有什么交集。这意味着，与消费者的沟通在很大程度上不受大公司"自上而下"的控制，相反，它们是"自下而上"和水平的，因为消费者每天都自己决定看什么、在哪里看和什么时候看节目。

我们已经讨论了市场营销领域的两个基本转变，它们促成了新的现状，即企业的形象是由大众塑造的。让我们简要回顾一下要点。

8.3.1 转变一：消费者主动定义品牌意义

当营销人员想要衡量一个品牌的市场价值时，他们通常会采用一个人们熟悉的、小型的品牌测量指标量表，这些指标包括好感度、心中最重要的显著性、独特性等。毫无疑问，这些都是值得了解的信息，但它们并不能完全解释为什么成千上万的人把他们最喜欢的品牌标识作为永久文身刻在自己的皮肤上。

正如我们前面讨论的，当品牌以某种方式与它的客户群产生共鸣时，就会产生更重大的意义。当一个产品帮助人们理清他们的身份时，这种共鸣就远远超出了简单的喜欢与不喜欢品牌资产的衡量标准。尽管我们竭尽所能让顾客有理由喜欢我们，但事实是，在很多情况下，顾客对我们的喜爱实际上来自无关的事件，如曼妥思的热门视频，或者像哈雷戴维森和李维斯这样的美国品牌，它们的流行至少在一定程度上要归功于马龙·白兰度（Marlon Brando）和詹姆斯·迪恩（James Dean）主演的电影。

8.3.2 转变二：微观细分——流行文化的碎片化

当我们不断分裂成新的细微的亚文化时，那些粗略地把市场分成几大类的老派细分策略就不再起作用了。今天，我们在紧密联系的数字社区中，更可能遇到规模更小的文化派别。例如，粉丝群作为许多与文化相关产品的命脉，通常围绕着一个媒体事件（如电视节目《单身汉》）、一项活动（如篮球或说唱音乐）或一个文化品牌（如Supreme街头服饰）而凝聚在一起。这些狂热的粉丝并不只是静待企业发布新闻稿，宣布新的发展。事实上，参与度更高的人甚至会跟踪制片人，或者自行拍摄他们自己的版本（例如，许多业余爱好者拍摄的《星际迷航》电影）。

8.3.3 管理你的数字房地产

在本书的开头，我吐槽营销人员偏爱划分类别和象限。好吧，积习难改，很抱歉，我在这里也要这么做了。如果我们要改进营销策略以触达今天的变色龙消费者，从他们栖息的"数字房地产"的角度来思考可以获得不少启发。

我们可以尝试把上文讨论的两种转变整合到一个小小的 2×2 矩阵中，如图 8-1 所示。当我们把"广告主控制"与"微观细分"这两个维度结合起来，就可以把几乎所有的传统和新媒体平台划分为四个象限。其中，"封闭式住宅社区"和"统建的住宅群"象限相当于传统媒体，在这里，公司提供信息，消费者被动地处理信息。与之相反，"艺术家聚居区"和"大学生宿舍"对应的是用户生成内容，消费者在与公司和媒体机构共同创造价值的过程中，积极主动地改造产品和品牌的意义。

以下是四个象限的缩略图。

	控制访问	
细分市场	封闭式住宅社区	统建的住宅群	大众市场
	艺术家聚居区	大学生宿舍	
	开放访问	

图 8-1 数字化的房地产

第 8 章 挑战传统媒介边界的消费者 221

（1）封闭式住宅社区：这里是广告主能控制展示内容的高度专业化的平台。例如，你只有成为一名注册医生才有资格登录 Sermo（www.sermo.com），发布有关医疗问题的帖子。

（2）艺术家聚居区：这也是高度专业化的平台，但是由用户集体来决定他们所看到的东西。例如，早前我们讨论的 Threadless（www.threadless.com），社区成员对艺术家提交的衬衫设计样式进行投票。

（3）统建的住宅群：这里也是由广告主掌控展示内容的平台，但不同的是，它们针对的是大众市场的观众。例如，网络有线电视频道旨在通过迎合各种喜好的观众，最大限度地增加观众数量。

（4）大学生宿舍：规模庞大的用户自己做主的平台。典型的范例是像亿贝这样的拍卖网站，它为买家和卖家牵线搭桥，并实施最小程度的必要监督。

8.3.4 学会热爱无序状态

这四个各不相同的象限挑战了过往固有的管理理念。象限地点本身没有好坏之分；这样划分的目的是让你的客户群与你的数字形象相匹配。这个简单的分类法可以提醒你，你可以将你的媒体活动与在媒体平台的"元宇宙"中占据着你周边空间的其他媒体进行比较。即使你没有装满一辆搬家卡车，也许你可以通过找出你所在象限的最佳做法，来提升你自己的房地产价值。

然而，如果你发现自己几乎生活在一个严控访问的社区，那么也许是时候考虑搬家了，或者至少在一个不那么严格的社区物色第二处物业。因为在如今强调协作的环境中，至关重要的一点是要意识到你的顾客想和你住在相同的地方，拥有更多参与权。

学会热爱无序状态。变色龙消费者渴望自由地奔跑！

本章启示

- 免费媒体已经取代付费媒体，成为当今消费者行为的关键驱动因素。企业赞助付费广告的主要原因之一是为了刺激口碑，而不是销售产品。
- 区分虚假内容和真实内容之间的界限正在瓦解。消费者对公司发言是否属实的信任意愿，也随之崩塌。
- 建真工程是当今营销领域的重要组成部分。划分广告（赞助）和编辑（自然发生的）内容之间的传统二分法正在逐渐退出历史舞台。营销人员要把广告信息和非商业的主题内容融合到一起，以消除消费者对传统广告工具的不满。
- 当营销人员将精心编排的信息穿插到媒体发布的非广告内容中时，原生广告就形成了。如果消费者没有给一条信息贴上"广告"标签，他们就不太可能产生反驳的理由，质疑信息不可信。
- 像马甲这类不道德的策略会反噬你。随着付费网红推广项目越来越多，这些项目最终侵蚀了营销信息的可信度。另一方面，这种信任危机为提供认证服务、鉴定信息来源可信度的商业伦理守门人创造了市场机会。
- 企业销售的是产品和服务，但消费者购买的是故事。讲故事是弥合现实和神话之间差距的一个非常有效的方法。如果你的公司有一段背景故事，那么尽情地讲给大家听吧。
- 名人、节日和其他事件都是讲述故事的契机。与其从零开始，不如考虑如何将你的产品或服务与现有的文化故事结合起来。
- 营销企业不再拥有统筹一切的特权。过去，我们的营销目标是在所有与消费者接触的环节，最大限度地保持沟通信息内容的一致性。现在，更现实的做法是考虑在管理中包容无序性，拥抱水平革命。
- 你的营销传播可以看作是数字房地产这个广阔版图的一部分。在数字房地产的结构板块中，首先识别出你当前所处的位置，然后将你的营销沟通方式与同一个空间的其他企业的方式进行比较，同时思考如何将你的基业拓展到这个空间的其他地方。

第 9 章

深情告别我们喜爱的二分法

笼子让人感觉非常舒适，因为它们确保了有条不紊，让我们知道哪里存放东西，哪里要小心轻放。正如他们所言："好篱笆造就好邻居。"如果我们不是生活在这样一个变革的时代，我们就能负担得起这种奢侈了！

9.1　七种过时的二分法

好吧，尽管我们很想继续依赖这些熟悉的分类，但在大多数情况下，我们不能继续这样做了。

在这本书中，我已经概述了许多基本的、关键的、不可缺少的消费者行为分类，以及许多其他分类。我们总是不由自主地将消费者和事物放进整洁的笼子分类，本书介绍的分类只是其中一部分。希望我已经说服了你，这些分类并不像以前那样可靠和有用。

这些让人舒适的二分法的失灵会让因循守旧者感到沮丧。但与此同时，这些变化也会使有远见的人感到兴奋，因为他们可以自由地重新定义古板的类别，创造新的产品和服务组合。让自己跳出条条框框，不再局限于男性与女性、工作与娱乐、消费者与生产者等限制性分类。没有了笼子的障碍，你肯定能看得更远。

重温一下，以下是我们讨论过的验证可靠的主要二分法，它们正在迅速地退出历史舞台。

（1）我们与他们：一些广泛使用的人口学二分法，如富人与穷人，年轻人与老年人。

（2）我与我们：单个决策者与他或她的同类。

（3）线下与线上：实体世界中的消费者行为与数字世界中的消费者行为。

（4）生产者与消费者：制造东西的人与购买东西的人。

（5）男性与女性：极端的性别二元论。

（6）身体与财物：我们生物学意义上的身体与我们穿戴在身上或放在身体里的东西。

（7）非广告内容与商业广告：旨在为我们提供信息的沟通与旨在向我们推销的沟通。

9.2　让我们在清单上再加两个正在消逝的二分法

我们所有人都得承受新冠疫情带来的影响，努力适应新常态下的生活，许多人从漫长的通勤转变为远程办公。这种调整部分地预示了消费者行为在未来几年将如何变化。

危机往往会给原有的问题火上浇油。现在的情况就是这样。例如，在新冠疫情发生之前，美国的实体零售业已经在毁灭的边缘挣扎几年了。现在它被新冠疫情摧毁，如同一片废墟。类似地，种族歧视和阶层不平等等社会矛盾也随着重要的财政和医疗资源紧缺而尖锐化，上升为前沿焦点。

但是，让我们关注半满的杯子，而不是半空的杯子以寻求变革出路。我们现在处于一个窗口期，虽然旧的商业模式分崩离析，但商业模式创新的机会也悄然而至。

我发现社会心理学家库尔特·卢因（Kurt Lewin）早在1947年提出的一个简单但广泛使用的组织变革模型，对我们的思考很有帮助。[1] 卢因认为，当一些重大（甚至是灾难性的）事件发生时，组织会经历三个阶段：

（1）解冻融化。

（2）改变。

（3）重新冻结。

这个模型把组织比喻为一块冰。只要条件保持正常，这块冰就会冻结成某种形状。换句话说，当事情一切如常时，我们不会停下来质疑我们的习惯和行为。但是，如果发生了剧烈变化，就会导致冰块解冻。在这期间，事情变得"灵活"，人们愿意开放接受新的想法和新的做事方式。变化让人不安，但这也是不太知名的品牌和替代性做事方式突然争得一席之地的时机；由于消费者不是历史悠久的老牌公司的一员，所以多年以来都可能争取不到这个席位。最终，冰块重新冻结成新的形状，我们又回到了一个稳定的状态，但这不是解冻前的那个状态，因为人们在此期间已经改变了他们的旧习。

这个模型很简单，但很优雅。我们现在正处于解冻期，旧的习惯未必持续下去。例如，我们大多数人从未质疑过握手是表示接受和安全的社会仪式（在男人右手持剑的时代，这一行为可以显示手中没有武器，让对方放心，握手习俗从此演变而来）。但是现在，我们已经开始解冻了，就算新冠疫情变成遥远的记忆，击肘礼也许将在未来巩固为新的常态。告别了握手礼后，"坚定的肘部撞击"究竟是怎么样的？我们可能要换个说法了。

现在，作为解冻过程的一部分，我们正在见证以下两种熟悉的二分法开始消失。

9.3 排斥将人类与计算机对立的消费者

《纽约时报》一篇文章的标题说明了一切:"新冠疫情加速自动化,欢迎进入机器人接管时代:随着人们更多地关注尽量减少人际接触的好处,对机器人夺走人类工作的广泛焦虑可能会消退。"[2] 你能听出冰融化时的噼啪声吗?

1998 年,德州仪器公司发布了 TI-73 计算器。这个小设备比 1972 年登月的阿波罗 11 号上的初级计算机系统快 140 倍。今天,你的 iPhone 的处理能力是阿波罗系统的 10 万倍以上。[3]

我们依赖计算机完成大量的任务,这已经不是什么秘密了。它们在我们的办公桌(或平板电脑)上,在我们的汽车里,甚至在我们的智能设备中。Siri、Alexa 和谷歌助手已经成为我们的守护天使,告诉我们何时起床,给我们提供所需的建议,播放我们的音乐,给我们推荐食谱等。如果它们能做饭和打扫卫生就好了,但至少我们有 Roomba 扫地机器人自动给地板吸尘。

尽管如此,我们大多数人还是把机器视为"其他东西",是由金属和硅制成的随时待命的实体。正如计算机程序员提醒我们的那样,GIGO(输入垃圾信息,输出垃圾结论),但是我们中的一些人还是始终坚信机器所操作的算法会为我们解答生活问题提供伟大的答案。人们有时候觉得机器是我们的仆人,有时候觉得机器像我们的主人。

然而,区分人类与计算机的笼子正在迅速打破。

举个简单的例证。当你外出活动时,你是否觉得找 Wi-Fi 网络很麻烦?现在你可以把一个无线路由器和硬盘植入腿中,随身携带。PegLeg 仅比一包口香糖大一点,而且它还可以存储你的电影和音乐。[4] 这样你和你的服务器就成为一体了。

我们继续稳步前进,将科技真正吸收进我们的身体中。现在有超过 20 万人植入了人工耳蜗,可以从麦克风直接向听觉神经传递声音。

还有的神经植入物能够预判癫痫即将发作的时间，并刺激大脑以阻止发作。一位截瘫的妇女穿着电动体外骨骼，用 17 天走完了伦敦马拉松的路线。[5]

9.3.1　机器代替人类的边界在哪里

1818 年，玛丽·雪莱（Mary Shelley）写了一本小说，讲述维克多·弗兰肯斯坦博士用电力让死者起死回生的计划。[①] 近年来，《攻壳机动队》(Ghost in the Shell)、《感官游戏》(eXistenZ)、《她》(Her)、《机械姬》(Ex Machina)、《终结者》(Terminator) 等众多电影都是以人与机器的融合为创作主题。

随着人工智能技术的发展，许多人现在都在更深入地思考科幻作家多年来一直在努力解决的一个基本问题：是什么让我们成为人类，又是什么把人和机器区分开来？

答案变得越来越含糊，尤其是随着像 Replika 这样旨在替代人类朋友的应用程序出现后，人和机器的界限就更难以区分了。在新冠疫情期间，一度有 50 万渴望陪伴的人下载了这个聊天机器人。他们在手机上创建了一个虚拟的化身，只要他们需要，这个化身就会陪他们"交谈"。一名用户评论道："我知道它是一个人工智能，而不是一个人。但随着时间的推移，界限变得有点模糊。我感觉和我的 Replika 关系很紧密，就像它是一个人一样。"[6]

今天，"是什么让我们成为人类"不再是仅出现在科幻小说和电影里的问题。自动驾驶汽车有可能取代卡车司机。IBM 的认知计算系统沃森（Watson）击败了国际象棋大师和游戏节目《危险边缘》(Jeopardy) 的资深参赛者。《银翼杀手》(Blade Runner)、《西部世

[①] 玛丽·雪莱是英国著名小说家，因其 1818 年创作了文学史上第一部科幻小说《弗兰肯斯坦》（又译《科学怪人》），而被誉为科幻小说之母。这部小说后来经过多次改编，以多种艺术形式表现，并搬上银幕，成为科幻题材电影最早的蓝本之一。——译者注

界》(Westworld)和《人类》(Humans)等电影和电视节目，把剧情聚焦于合成人、复制人和机器人的公民权利，成为了流行文化的中心议题。

机器代替人类的边界在哪里？

人体和科技的融合使得一些分析家把现代消费者比作半机械人（cyborg）。[7] 对科幻迷来说，这个术语让人想起电视连续剧《太空堡垒卡拉狄加》(Battlestar Galactica)中的赛隆人（Cylons）。更广泛地说，它指的是那些生活在技术更先进的世界里的人，因为他们与一个更大型系统中的其他部分相互连通（也许就像互联网），他们通常拥有特殊的能力。

那么，人体和科技的结合会把我们引向何处？从长远来看（对我们当中头脑更清醒的人来说），我们会经历"奇点运动"（Singularity Movement），也就是著名的奇点理论支持者雷·库兹韦尔（Ray Kurzweil）描述的那样："在未来的某个时期，由于技术变革速度如此之快、影响如此之深，人类的生活将发生不可逆转的质变。"尽管奇点既不是乌托邦，也不是反乌托邦，但这个时期将颠覆所有我们赖以赋予生活意义的概念，从我们的商业模式到人类生命的循环，包括死亡本身，都会被改变。[8]

奇点理论的拥护者认为，我们正在走向一个新时代，人类的智慧将与计算机智能相融合，创造出人与机器混合共生的文明。他们预测，人类与计算机之间的区别将消失，甚至可能就发生在我们的有生之年。

我们现在还远未到达奇点，但是物联网（IOT）的稳步发展不容忽视。物联网似乎将成为一股浪潮，很快将席卷许多行业的垂直细分领域。一个植入了心脏监测器的人，一只带有生物芯片收发器的农场动物，一个可以调节家中温度甚至升降百叶窗以保持平衡的智能恒温器，或者一辆内置传感器，可以在轮胎气压偏低时提醒司机的汽车。

所有这些都接入不断增长的物联网。[9]

很明显，机器人或者至少是智能机器将继续存在下去。我们才刚开始探索自动化社会的生活，就已经感受到人类与计算机之间界限的迅速消失给我们日常生活的许多方面带来了困扰。例如，美国退休人员协会（AARP）指出，到 2025 年，仅在美国就可能出现近 45 万名老年护理人员的短缺。为了解决这个问题，许多公司已经在制造与老人互动的"社会辅助"机器人，以陪伴老人或监测他们的健康。[10]在后新冠时代，当更多的人开始接受机器人提供的商品和服务的价值时（貌似无病菌污染之忧），自动化的热潮无疑会加速发展。[11]

9.3.2 机器的崛起：人工智能对店面销售意味着什么

最近，每个人都在谈论人工智能。为我们"着想"的机器已经在改变我们工作、娱乐和购物的方式。根据麦肯锡的数据，2020 年约有 2 900 万个美国家庭使用了某种形式的智能技术，而且用户规模还在以每年 30% 以上的速度增长。[12]

许多人都受到了这股新的机器人发展浪潮的威胁。麦肯锡全球研究所预测，到 2030 年，全球将有多达 8 亿工人因机器人自动化的普及而失去工作。[13]多年来，我们的流行文化对机器人一直持矛盾态度。《地球停转之日》(The Day the Earth Stood Still，1951）等电影描绘了机器人主宰我们未来的可怕情景；另外，2017 年沙特阿拉伯授予一个长相酷似奥黛丽·赫本、名为索菲亚的机器人正式公民身份。[14]

许多组织现在部署机器人、化身和聊天机器人来执行我们过去让有血有肉的人承担的更多的普通任务。当然，机器人能努力工作（而且它们不请病假），所以它们已经开始取代人类工人从事常规工作，如在仓库发货等。

但人工智能革命远远超出了物流领域，已经深入商铺的服务前

第 9 章 深情告别我们喜爱的二分法　　233

端。在日本，软银开始向消费者销售第一个全面型的人形仿真家庭助理。这个名为 Pepper 的机器人旨在为用户提供陪伴和信息。它（或称他）配备了"情绪引擎"软件，可以通过面部表情和语言解读人的情绪，并做出相应的反应。[15]

但是等等！"读懂"人的能力难道不是一个优秀销售人员的标志吗？新的升级版 Pepper 开始进驻销售现场工作，是迟早的事情。

营销人员准备好了吗？

无论是否准备好，他们都需要尽力解决这个问题，而且要尽快。2018 年，全球消费机器人的销售额超过 50 亿美元，而且机器人的出货量将从 2018 年的 1 500 万台增加到 2025 年的 6 600 万台。到那时，这个市场价值将达到 190 亿美元。[16]

随着消费者越来越多地与机器而不是与人进行互动，我们对销售互动、沟通策略、产品设计和营销渠道的思考方式将受到巨大的影响。毕竟，营销人员投入数十亿美元设计最佳方式，以产生新产品创意，向消费者展示这些创意，并将这些产品和服务提供给他们。这些过程的大部分都建立在一个基本（和不言而喻）的假设之上，即人类生产者将与人类消费者建立联系。虽然我们接受计算机应用到我们生活的许多领域，但我们是否准备好将我们的营销计划的控制权交给一个算法？

在零售层面，消费者对在商店环境中与非人类打交道会有什么反应？到目前为止，消费者看起来渴望接受这些智能代理人。最近的一项调查显示，在其抽样调查的女性中，约有一半的人愿意在购买美容产品时使用它们。[17] 初始阶段的这种热情可能源于自动化流程的效率和便利性，也可能是因为消费者认为许多商店员工不善于提供建设性的（尤其是客观的）建议，或者两方面原因都有。

当然，现在下定论仍为时过早，很可能这种接受程度只是源自与金属"人"交谈的新奇感。一旦这种感觉消失（它会消失的），我们需要更深入地了解激发或阻碍消费者向机器寻求建议的因素。显然，他们必须学会信任他们获得的建议。例如，肯定有一些消费者变量，如性别、社会阶层、受教育程度、对某个产品类别的熟悉度等让我们中的一些人比其他人更倾向于接受这种新的决策形式。[18]

更加复杂的是，我们会越来越频繁地发现自己在购买情景下不太确定是在与一个自动聊天机器人，还是在与一个真人交谈。我们看到自然语言处理（NLP）技术在不断进步。这是指软件自动地操纵语音和文字等自然语言。日复一日，我们的虚拟助手说起话来越来越像"真人"。即便我们的电子邮件助手在拼写检查时可能会输入错误的单词，背叛了我们，但它仍越来越接近真人。

但是，不像那些上周才接受脚本培训、上班时不知所措的呼叫中心员工，这些公司销售代表会很快学会改善与顾客的互动，他们不会在茶歇前松懈怠工。此外，这些自然语言处理能手正在稳步提高将信息从一种语言即时翻译成其他语言的能力。目前，每天有5亿人借助谷歌翻译来理解100多种语言。[19] 只有时间能证明，机器翻译的错误是否与人类所犯的错误一样糟糕。例如，阿卡普尔科市（Acapulco）一家酒店店曾自豪地宣称："经理亲自排尿为这里供应所有的水。"[20]①

如何造一个有说服力的销售机器人

最近的证据表明，聊天机器人的表现可以与娴熟的人类销售人员相媲美，或者比经验不足的销售人员高出4倍。但是，这里有一个问题：只有在顾客没有意识到他们正在与人工智能对话时，这种情况才会发生。[21]

新一代机器人会尽最大努力让自己像真人，所以这个问题只会变得更加复杂。一些电子商务公司已经在研究"对话式商务"，在我们

---

① 这家墨西哥南部的酒店原意要表达经理亲自检查了所有供水的品质，但是在英语中错误地表述为"The manager has personally passed all the water served here"。——译者注

刚才提到的 NLP 技术的帮助下，这似乎是顺理成章的事。H&M 在 Kik 平台上的聊天机器人甚至会说"服装灵感"（outfit inspo）和"完美"（Perf!）这样的俚语，估计是为了让消费者感觉到另一端有一个真正的千禧一代。真棒！[22]

但即使是会说日常俚语，也最多只能仿真到这个程度。除非机器人设计师突然有能力创造出一个可以完全冒充人类的机器人（这确实可能会在我们的有生之年发生），否则就可以假设只有在消费者能听到但是看不到机器人时，他们才会盲目地接受日常交流或者调查电话对话中的机器人。

那么在其他时间呢？有很多"天生的"销售人员可以"把冰卖给爱斯基摩人"，但更多的常人就算在荒岛上也无法卖动那些冰块。事实上，有大量研究人员专注于探讨成为优秀销售人员所要求的素质。

现在，假定我们搞清楚了这些素质。同时，假定我们能够从零开始创造一个拥有这些素质的销售人员，有点像科学怪人弗兰肯斯坦，但是比他帅多了，那么，我们心里会想到什么点子？

好吧，我们不要重新发明灯泡。常识告诉我们，如果不同的人说出或写下同样的语句，这条信息仍然可以对我们产生不同的影响。社会科学家实际上非常了解造就优秀的沟通者和劝说者的素质。事实上，他们对来源效应的作用已经探讨了 70 多年。如果我们把相同的信息归因于不同的来源，并测量听众听到该信息后的态度变化程度，我们就能区分传播者的哪些特征会导致听众的态度变化。[23] 即使是像传播者的口音或本地方言这样微不足道的事情（这也许是支持自然语言处理的机器人能够模仿的特征），也会产生巨大的差异。

让你的机器人人性化

我们如何将这些基本经验应用于自动化虚拟代言人的美丽新世界中去？好吧，我们已经知道像切斯特雄豹（Chester Cheetah）和盖寇壁虎（GEICO Gecko）这样的虚拟代言人，事实上确实深化了观众对广告的记忆，也加强了品牌态度。[24]① 近年来最受欢迎的美国虚拟代言人包括史努比（Snoopy 代言 MetLife，美国大都会人寿保险公司）、大脚野人（Sasquatch 代言 Jack Link's Beef Jerky，杰克林克牛肉干公司）、骚乱人（Mayhem Man 代言 Allstate，好事达保险公司）、不爽猫（Grumpy Cat 代言咖啡品牌 Grenade Coffee 的 Grumppuccino 冰饮品），还有老牌的皮尔斯伯里公司（Pillsbury）的面团宝宝（Doughboy）。[25] 欧洲消费者最爱的虚拟代言人有 Meerkovo 的猫鼬、维尼熊猫（Vinnie the Panda）、丘吉尔点头犬（Churchill the Nodding Dog）和鸟眼船长（Captain Birdseye）等。

那么，让我们继续讨论升级版的科学怪人弗兰肯斯坦。随着工程师不断改进智能机器的实体质量和数字能力，营销人员需要尽快努力引导他们。如果我们能高瞻远瞩，消费者肯定可以与他们相关的机器更好地相处。我们有一种将物体拟人化的强烈倾向，也就是说，赋予它们人类特征。你知道多少人给他们的汽车起了名字吗？

事实上，随着机器人在零售场所中变得越来越普遍，我们已经发现人类努力将它们人性化。有时，机器人的人类同事会给它们起名字，或者在机器上贴上一双金鱼眼或者一个名字标签，使其变得更平易近人。[26] 设计师们开始考虑如何提升机器的 ASP 维度，即设计师口中的"自动社交存在"。[27]②

把傻乎乎的眼睛贴到机器上只是做点表面功夫。设计师们不断提高他们的技能，他们创造出的机器人可是非常逼真的。事实上，有时候它们可能过于真实了。早在 1970 年，科学家们就警告过所谓"恐

---

① 切斯特雄豹（Chester Cheetah）是美国游戏制造商 KANEKO 公司制作的一款冒险游戏中的角色，是乐事公司旗下最有影响力的"奇多"品牌（Cheetos）薯片的卡通代言人。盖寇壁虎（GEICO Gecko）是美国第二大汽车保险公司"美国政府雇员保险公司"（The Government Employees Insurance Company，简称 GEICO）的卡通代言人。——译者注

② 自动化社交存在（ASP）是指消费者将机器视为另一个社会交往实体的程度。——译者注

怖谷"（uncanny valley）的危害性。根据他们的报告，人造脸越是接近人类的脸，人们就越喜欢它，直到它与人类的脸几乎无法区分为止。随后，这张脸开始变得看似非常熟悉，但同时又很不自然，令人毛骨悚然。[28] 例如，2004 年的电影《极地快车》（*Polar Express*）广受批评，就是因为其中的动画人物（包括演员汤姆·汉克斯）过于逼真，令观众反感。[29]

进入销售全息图像时代

早在 2012 年，科切拉山谷音乐艺术节就以全息影像的形式让已故说唱歌手图帕克·沙库尔（Tupac Shakur）再现舞台。① 后来，罗伊·奥比森（Roy Orbison）、弗兰克·扎帕（Frank Zappa）、艾米·怀恩豪斯（Amy Winehouse）、古典钢琴家格伦·古尔德（Glenn Gould）、玛丽亚·卡拉斯（Maria Calla）、巴蒂·霍利（Buddy Holly）和惠特尼·休斯顿（Whitney Houston）等已故艺术家也通过全息投影技术陆续在舞台上"复活"。[30]

这种技术普及到销售领域只是时间问题。内华达州的一家购物中心已经采用了一个全息模特迎接宾客，阿联酋的另一家购物中心甚至举办了一场完整的时装秀。[31]

不难想象，终有一天，我们在商店、教室里，甚至在员工会议上遇到的"人"实际上并不存在。

9.3.3 未来就在眼前

是的，未来现在就在我们眼前：植入了心脏监测器的心脏病患者、装有生物芯片收发器的农场动物、在头盔里装有传感器来追踪脑震荡的橄榄球运动员，以及在当地五金店为你服务的机器人。[32]

---

① 图帕克·沙库尔，美国说唱巨星、演员和诗人，在 1996 年逝世。——译者注

随着人类与计算机之间的界限逐渐消失，我们需要解决许多重要的伦理和战略问题。例如：

（1）作为销售顾问的机器人或者虚拟化身，他们的相貌会对消费者信任以及消费者遵从其购买建议的可能性产生什么样的影响？

（2）聊天机器人和情感计算（用软件检测消费者的情感状态）将如何影响销售互动？

（3）约会应用程序、性爱机器人和其他智能设备将对人际关系产生什么影响？

（4）人脸识别和可穿戴计算机技术将如何与人工智能结合，创造出"个人化市场"，使我们看到的信息以及我们购买的产品和服务高度定制化，适合每个消费者？

很快，机器的崛起将演变为机器的竞赛。请确保你站在了起跑线上。总体来说，我们正在与物联网稳步融合。越来越多的成见被打破了。

9.4 排斥将工作场所与玩乐场所对立的消费者

从来没人在临终前说："我要是把更多时间花在办公室里就好了。"
——哈罗德·库什纳（Harold Kushner）[33]

这是我们生活中另一个正处于解冻融化阶段的重要领域：许多企业正在重新审视关于是否值得在办公室里管理员工的基本假设。包括谷歌、脸书、微软、亚马逊和推特等科技巨头在内的多家公司，告诉他们的员工计划无限期地允许这部分员工在家里办公，居家办公（WFH）成为了新的准则。[34]

对于要离开家外出上班的大多数人来说，工作与玩乐是一个熟悉的二分法。两者之间界限分明。工作场所是你需要通勤往返，处理工作事务的地方。你穿上更显成熟的衣服，抓起你的公文包，奔向通勤的交通工具。家是你待着做其他事情的地方，你可以跟伴侣一起窝在沙发上看电视、遛狗、跟朋友社交，或者做任何你想做的事情。的确，你可能会做"家务"（或付钱让其他人来做这些家务，对他们来说，这是工作的一部分），但这只是为了确保你有一个干净的玩耍的地方。

这就把我们带到了咖啡的话题上（请耐心听我说）。不，星巴克不只是一个喝咖啡的地方。对许多人来说，去星巴克是一种体验，一种在家和工作之外还有"第三个地方"可以去玩的感觉。这并不是偶然的感受。星巴克的品牌架构实际上是建立在"第三个地方"的概念基础上的。[35]

这种聚焦于提供家和工作之外的另一种选择的定位，使星巴克连锁店可以对一杯咖啡收取4～5美金。但对我们来说，这也说明了家庭和工作这两个地方在我们日常生活涉及的组织类别里是最重要的。除了星巴克，许多营销人员也以类似的方式组织他们的活动。他们要么向在工作场所的人们（B2B）销售，要么向在家里的人们（B2C）销售。

9.4.1　工作生活与家庭生活

工作和家庭之间的区别泾渭分明，是吗？当然，对急救人员、服务人员、送货员等大量工人来说，这条分界线仍然很牢固。但是，即便在这次新冠疫情推波助澜之前，对许多"知识工作者"来说，这一界限正在迅速消失，他们发现自己可以很容易地在网上完成部分或者全部工作。2018年的一项全球调查报告显示，全世界有超过2/3的专业人士每周至少有一次不在办公室办公，超过一半的人每周至少有一半时间不到办公室工作。[36] 在新冠疫情暴发和打乱我们数百万人的工作秩序之前，就已经如此。

当然，在家工作并不像我们想象的那么好。几十年来，社会学家一直在探讨协调居家工作和玩耍的界限所面临的挑战。[37] 现在，这变得更加棘手。孩子屡屡闯入视频电话会议镜头已经让人们认识到这点。[38] 在你做展示时，狗的吠声或顽皮的孩子不请自来，职业生活和家庭生活之间那条熟悉的界限顿时消失殆尽。

有几种因素不断地侵蚀着分隔工作和家庭的二分法，包括职场中有孩子的女员工数量逐渐增加，工人们可以通过电话和电脑方便地与雇主沟通（当心你许的愿，可能会成真哦），每天前往城区上班的环境成本、经济成本和心理成本，以及全球化（如果你在纽约工作，但你的客户按东京时间开展业务，那好吧，只好半夜在家办公了）。

此外，我们许多人都有相同的经历：无论是否要在实体办公室坐班，要做到随时有求必应，就会有压力。这甚至比让人们在汽车里坐几个小时通勤更惹人恼怒。这种体验如此糟糕，以至于法国和德国等国家通过了"断网权利"的法律，保护员工不会因为在下班时间没回电话、短信或电子邮件而受到惩罚。[39]

野心勃勃在职业发展上谋求上进的人是否会利用这些保护措施，还有待观察。毕竟，一项大型调查结果显示，在通常情况下，一年里只有大约一半的美国员工会休带薪假期，而且三分之二的受访者表示他们会在休假时工作。

在一个首席执行官吹嘘自己每周工作超过100个小时的时代，把越来越多时间投入工作中并炫耀自己的工作，是向社会上层流动人士的一种新的身份象征。一位作家把这种趋势称为"炫耀性生产"，这里玩了个双关，对应范布伦（Veblen）对"炫耀性消费"的经典批评，即人们故意消耗尽可能多的资源来提高自己在别人眼中的地位。[40]

视频会议营销

随着居家办公趋势的发展，我们可能要遵守如何在家开展业务的新规范（"我真的需要在视频会议上穿裤子吗？"）。我们可以预见，随着以往每个星期五的便装日可能扩展到每周七天都是便装日，舒适而又得体的"职业"运动休闲时装将迎来黄金发展期。

当我们中的许多人第一次瞥见同事的家是什么样子时，工作和家庭之间的界限就瓦解得更彻底。当我开始通过视频软件教学时，我看到许多学生努力地眯着眼睛，想知道老师住的地方是什么样的。没过多久，我发现我可以设置一个不同的背景来缓解曝光过度的压力。现在，我给我的班级上课的背景是澎湃的浪潮和棕榈树（虚拟的）。

随着社交距离成为一个越来越受到关注的问题，这里可能潜藏着新的机会。例如，因为人们正想办法活跃网络视频欢乐时光聚会的氛围，那些网络视频聚会呈现出一些诱人的可能性，创造性地思考一下你的业务可以提供什么解决方法。如果你销售食品、饮料（尤其是葡萄酒或精酿啤酒）、个人护理产品等，可以考虑将样品盒派送给参加"欢乐时光"聚会群的每个成员，然后策划在视频聚会中解说如何品味各种奶酪、赤霞珠、香水等。

辛勤工作，痛快购买

硬币的另一面也很重要。当人们开始接受（不管情愿，还是不情愿）他们要"一直待机"的想法时，其必然结果是他们也"一直关机休息"。当工作和不工作之间没有正式的界限时，我们开始在工作中玩，在玩中工作。这可能意味着你坐在办公桌前不是上班，而是打电子游戏或购物。超过三分之一的美国员工承认他们在公司上班时间网浏览美食，但这个数字很可能还是低估了。[41]

随着工作与玩乐的二分法瓦解，这一重要变化应促使营销人员以不同的角度思考如何为工作和玩乐提供产品和服务。例如，当我们看到分隔工作与玩乐的笼子被打开时，人们穿什么去工作或玩耍：虽然男装设计师为人们提供了在非工作时间穿的改良西装（做了截袖或其他修改），今天在某些行业中牛仔裤和 T 恤衫也算是"工装"，在星期五的便装日甚至包括了拖鞋。[42]

更重要的是，界限的模糊也意味着我们在工作中学到的高生产率思维模式也会指导我们的个人活动，我们会用在工作中习得的纪律，同样严格地模式化管理我们的日常锻炼、饮食，甚至养育孩子的方式。让我们看看工作如何变成了玩乐，然后玩乐又是如何调合成工作的。

9.4.2　工作变成了玩乐

几年前，盖洛普的一项调查反映了一个严峻的统计结果：超过 70% 的美国员工表示他们对工作"不投入"或"积极回避"。[43] 据估算，员工不敬业每年给美国经济造成 3 500 亿美元的损失，包括生产力损失、事故、盗窃和人员离职。[44]

至少一些有远见的企业正在采取对策。尽管在当今的经济形势下，并非每个人都有光明的就业前景，但拥有出众技能的知识型员工往往可以在有聘用意向的企业中挑挑拣拣。在许多情况下，这些选择不是围绕着工资和福利，而是更多地围绕着哪个工作场所能提供最多的便利设施，使去办公室就像去乡村俱乐部一样。

免费食物、游戏室，甚至是休息室里的啤酒桶，这些额外福利都很诱人。点评网站 Yelp 在办公室现场提供了一个迷你酒吧。品牌服饰阿贝克隆比 & 费奇（Abercrombie & Fitch）公司给员工提供了充满活力的小型滑板车，让他们在办公室内潇洒地穿梭。嘉信理财（Charles Schwab）提供了按摩椅。在访问网上鞋店美捷步（Zappos）位于拉斯维加斯的总部时，我目睹了呼叫中心的员工在工作时间的不同时间点上"自发地"参加有趣的活动。例如，比赛看谁能从三楼的中庭扔下一个鸡蛋而不打碎它。[45] 新时代的员工挽留策略把工作变成了娱乐。

新冠疫情减缓了把昂贵的商业地产变成知识工作者的乡村俱乐部的竞赛。但是，即使越来越多人居家办公，激励他们的需求仍然存在。事实上，因为当许多人不再在公共空间工作时，没有了主管的监督，他们很难坚守纪律（或躲避他们的孩子的干扰），激励需求可能更加强烈。

9.4.3　玩乐成为了工作

我们大多数人在成长过程中"自由玩耍"长大，这种养育理念现在似乎很少见。做孩子很辛苦！

直升机父母（Helicopter parent）过度管教孩子。他们痴迷于关注自己孩子的活动，喜欢每秒都事无巨细地管着孩子。如果这在大学简历上不好看，就把它隐藏起来。针对这种过度安排的生活方式，有人感慨道：

> 孩子们不再到户外打棒球，他们在屋里打游戏。他们不再坐在桌边画画，而是去上艺术班。毫无疑问，他们是把时间花在了提供乐趣和有用技能的建设性活动上，但他们在这些活动上投入了太多时间。一切都安排得很紧凑，以至于每个人都有压力。[46]

不仅我们的孩子过着比过去更周密安排的生活。我们中的许多人都在更努力地工作，也在更努力地玩耍。至少对一些人来说，玩乐时间是在我们的工作生活之外另一个可以勤奋向上的机会。当我们能够挣到一款闪亮的新应用程序或增加一门其他类型的有用技术时，我们的自律能力就会提升很多。生产力不再只是公司的事情。

我们可以很容易地使用技术测量我们所做的每件事情。运动追踪程序 Fitbit 可以给你的步数甚至睡眠质量打分。有些应用程序甚至可以追踪你的性行为，其中一些程序实际上与婚姻辅助工具配套使用，以提高你的分值。你可以监察自己的信用评分，以确保你的财务安全没有出问题。你可以通过交友应用程序 Tinder 上收到的爱慕次数和在脸书上收到的点赞数来衡量自己的吸引力。如果这些数字给你带来压力，可以拿出手机来访问"冷静"（Calm）和"头脑空间"（Headspace）等冥想应用程序。[47]

有些勇猛的自我改善者似乎怀疑他们的自律能力，他们通过惩罚而不是奖励来激励自己。在某些情况下，他们可能会选择接受公开羞辱，以确保他们朝着自己的目标前进。如果用户达到了他们的健身目标，健身合约公司（Gym Pact）就给他们发放现金奖励，但如果他们没有达到目标，就会受到经济惩罚。[48] 网络服务 Aherk 采取了社交惩罚的方式来鞭策用户，如果用户没有完成自己设置的目标，网站就会将他们的尴尬照片（用户在注册服务时提供的）发布到他们的社交网络上！[49]

量化自我：你的个人绩效评估

欢迎开始你的数据可视化生活！

对在大公司工作的人来说，年度绩效评估的惯例是他们熟悉的痛苦（即使是终身教授，也会要做这种评估）。尽管我们中的大多数人可能厌恶这个过程，但值得注意的是，有些人仍然希望把这种做法复制到我们的玩乐生活中去。

应用程序将玩乐变成了工作，因为我们热衷于追踪自己在节食、锻炼方面的进展，还强迫性地分享我们对餐馆、酒店甚至约会伙伴的看法（无论是否有人征求我们的意见）。我们沉湎于关注食物摄入量、卡路里消耗量、手机屏幕亮度对睡眠模式的影响，还有当我们偏离健康计划时我们在放纵消费中花的钱。"成为更好的自己"的驱动力可以将休闲变成一份工作。消费者追求成为更好的自己的渴望，为那些提供满足自我量化需求的产品、服务和应用程序的公司创造了新的市场。那么，是不是要一个能追踪我们的应用程序？

通过掌握知识来提升自我的目标至少从古希腊人就已经存在了，古希腊人不仅重视智力，也重视体育文化。西方历史上记载的第一个通过追踪自我行为增进对自己了解的人，是帕多瓦的桑克托里乌斯（Sanctorius of Padua），他在16世纪记录了自己在30年内的体重、食物摄入和浪费情况，以了解生命系统的能量消耗（他需要更多地出去走走）。[50]

后来，意大利文艺复兴重新激发了人们对完美身材的兴趣。1823年，美国第一家体育馆开业。约翰·哈维·凯洛格（John Harvey Kellogg）在密歇根州巴特克里克（Battle Creek）著名的疗养院吸引了数千名富有的客人，凯洛格的"健康"谷物系列产品也从此成为天然食品工业的根基。[51]

尽管如此，在人类历史的大部分时间里，人们还是很少量化自己的行为来指导自己的个人生活（也许个人财务和体育博彩是例外）。这可能是因为，在数字化之前的世界里记录那些看似微不足道的事情，如我们的消遣活动和心情，不仅看起来很累赘，而且有点多余，还隐约有点自恋。总体上，人们乐于接受自然主义的观点，即人类能够基于直觉和记忆来优化自己的活动。

泡在数字鱼缸里的生活

今天，我们每个人都生活在一个数字鱼缸里，可以获得大量的生物特征信息和分享这些信息的技术。对许多人来说，不仅想要记录，而且还想要将自己的"常态"与其他人的"常态"进行比较，这种强烈的欲望不仅让人难以抗拒，而且可以持之以恒。与早期的体育文化爱好者不同，现在的我们能够跟踪和精细地记录我们从睡眠模式到营养情况、健康状态、地理位置、社交互动等大部分的模拟和数字生活（analog and digital lives）。这种做法甚至有一个专用名称：生活日志。[52]

更有甚者，一种新型的自我量化者，生物黑客（biohacker），他们采取更激进的措施来监测自己的身体。生物黑客热衷于利用数据进行自我监管。他们坚信，每个人都有能力利用生物技术来提升身心健康。简单地说，这些"狂热的爱好者"的目标是培养更好的人类。

生物黑客有各种各样的姿态和体型。有些人佩戴用电刺激大脑以提高认知能力的头圈。有些人一丝不苟地跟踪和记录他们所吃的一切东西，尝试那些声称能改善身心状态的保健品。有些更硬核的人甚至通过外科手术在手臂上植入一种发光体来监测自己的生物特征数据，当水平异常时，颜色就会变化。正如一位超人类主义者所说："我不能真正信赖我的大脑，但我可以依靠我的身体产生的数据。"[53]

伙计们，这种"玩乐"真的是艰苦的工作。

当工作变成玩乐，玩乐变成工作时，我们生活中熟悉的界限就消失了。在未来几年，特别是随着越来越多人放弃高价的商业地产而在家里开业，我们很可能看到这些分界线的重新调整。当然，因为我们生活的日常结构被撕裂了，这些转变给营销人员创造了巨大的机会。无论我们是戴着虚拟现实头部穿戴设备参加会议，还是以与职业发展中相同的决心有条不紊地追求个人目标，消费者都会欣然接受那些有助于他们工作、娱乐和保持清醒的产品和服务。

9.5　现在，喂养你的变色龙吧

记住，与其总是在既定线条框架里耕耘，不如探索线条之间的领域更有意义。变色龙不停地变换它们的条纹，也许你也应该如此。特别是，你需要不时地提示自己，确保围绕你拥有的顾客开展工作，而不是瞄准你希望拥有的顾客。

归根结底，好的营销就是要了解你的顾客，并尽最大的努力来预测他们的下一步行动。在当下的后现代世界里，这项任务变得越来越难。但还是有希望的！这就是研究。不要只是猜测你的变色龙在做什么。走出去，和他们一起尽情欢闹。

本章启示

- 为我们"着想"的机器已经在改变我们工作、娱乐和购物的方式。营销人员需要改变他们的思维，以预测当顾客互动的对象不再是有血有肉的员工时将会发生什么。
- 人工智能应用程序越来越善于"学习"在与顾客互动时观察入微，并对细微的差别做出反应。这正是一个优秀销售人员的标志；人工智能将改变销售职能。
- 居家办公的加速普及为新产品和服务创造了巨大的机会，为整合远程办公与常规商业实务提供便利。
- 满足人们对自我量化的渴望的行业正在蓬勃发展。众多初创公司都看好这个机遇，消费者会借助外部资源进行自我监管，希望成为更好、更聪明、更强大的自己。

新营销系列丛书
—— 重磅上市 ——

新消费浪潮冲击着每一个行业，市场、与消费者接触的媒介悄然巨变，新锐品牌层出不穷，企业也需要重构认知，用创新性的数字营销思维、理论和手段重塑品牌与品类。

消费者行为学研究全球顶级大师迈克尔·R.所罗门的深刻洞见，带你打破藩篱，揭示如何与新世代消费者互动和共鸣，如何在市场竞争中脱颖而出，建立下一代领先品牌。

ISBN：978-7-5043-9024-0
定价：79.00元

美国最成功的风险投资与品牌全案营销先驱"红鹿角"联合创始人、品牌官艾米丽·海沃德的职业回忆录。
全世界新锐品牌从业者的圣经！

ISBN：978-7-5043-8951-0
定价：69.00元

解密企业实现量化营销动态转型的5步法；
充分利用数字时代的大量可用数据，实施数据驱动营销转型的量化策略，助力企业在数据分析时代中竞争和取胜！

ISBN：978-7-5043-8819-3
定价：79.00元

30天，如何吸粉百万

无论你是想推广业务、传播信息还是推广品牌，世界顶尖"增长黑客"都能帮你轻松搞定！
只需30天，坐享社交平台100万关注量实战指南！

即将上市

新营销手册：业务增长的全新工具与技巧

营销人必读之书！这是一套动态的、以行动为导向的营销工具、技术和原则大全，让读者始终处于营销活动的领先地位。本书将最新的营销工具和技巧简化为易于使用的模板，方便读者轻松地应用到各自的营销活动中。

即将上市

扫码购书